Das Buch

Als sie achtzehn ist, ändert sich Helenas Leben. Sie leidet an Übelkeit und Magenproblemen, fühlt sich schlapp und immer unwohl. Eine Ärzte-Odyssee beginnt. Dann, zwei Jahre später, bekommt sie die niederschmetternde Diagnose: Magenkrebs im fortgeschrittenen Stadium. Seither kämpfte Helena: gegen die Krankheit und für jeden positiven Moment. Dabei half ihr ihre große Leidenschaft, das Singen. In ihrem Buch beschreibt sie, was jetzt in ihrem Leben wirklich zählt, welche Träume sie noch hat und was ihr die Musik geben kann. Helenas Geschichte ist berührend und hat eine klare Botschaft: Tu, was dir am Herzen liegt.

Helena Zumsande ist am 15. August 2015 gestorben. Die Arbeit an ihrem Buch konnte sie noch abschließen. Es ist so erschienen, wie sie es sich gewünscht hat.

Die Autorinnen

Helena Zumsande wurde 1993 geboren. Sie begann eine Ausbildung zur Erzieherin, die sie wegen ihrer Krebserkrankung frühzeitig abbrechen musste. Ihr eigentlicher Traum war es, Sängerin zu werden. Mit einem emotionalen Musikvideo auf Facebook erregte sie im Juni 2015 große Aufmerksamkeit in aller Welt.

Nina Poelchau ist Redakteurin beim *Stern*, Fachgebiet: Psychologie. Sie begegnete Helena Zumsande im Zuge anderer Recherchen in einem Hamburger Krankenhaus. Helena Zumsande sagte ihr später: »Ich habe immer gewusst, dass ich noch jemanden treffen werde, der mir hilft, meine Geschichte aufzuschreiben.«

Helena Zumsande
mit Nina Poelchau

Solange ihr mein Lied hört

Mein Leben mit Krebs

Mit einem Nachwort
von Sarah Connor

Ullstein

Besuchen Sie uns im Internet:
www.ullstein-taschenbuch.de

Neuausgabe im Ullstein Taschenbuch
1. Auflage Oktober 2016
© Ullstein Buchverlage GmbH, Berlin 2015/Ullstein extra
Umschlaggestaltung: ZERO Werbeagentur, München
Titelabbildung: © Nina Poelchau
Satz: Pinkuin Satz und Datentechnik, Berlin
Gesetzt aus der Joanna MT
Druck und Bindearbeiten: CPI books GmbH, Leck
Printed in Germany
ISBN 978-3-548-37686-8

An das Leben

Inhalt

Warum ich dieses Buch schreibe	9
All of Me	13
Gut aufgelegt, fast überdreht	16
Einblick in mein Leben	23
Die anderen konnten fast alles, ich nichts	27
Überall Stress	37
Party, Party, Party	41
Ich singe	45
Casting in Hamburg	47
Chess	55
Die Krankheit	61
Fast wäre ich in der Psychogruppe gelandet	66
Die Schockdiagnose	68
Was ist wirklich wichtig?	71
Schreckliches Schweigen	76
Das Mädchen mit den langen Haaren	81

Ich will gesund werden	83
Kampf ums Überleben	86
Mein einundzwanzigster Geburtstag	94
Über die Liebe	95
Ich möchte an ein Wunder glauben	98
Getrennt von der Welt	101
Disziplin und Gebet	104
Veränderungen	115
Der Tod	117
Warten, warten, warten	118
Ein Song für Helena	121
Wie schön du bist	129
Nachwort	135
Quellen	139

Warum ich dieses Buch schreibe

Mit einem Mal wirst du mit dem Wort »unheilbar« konfrontiert. Niemand kann sich vorstellen, was das bedeutet. Ich jedenfalls konnte es überhaupt nicht. Ich war doch eine ganz normale junge Frau, die vor allem Klamotten und Party im Kopf hatte, ihre Clique, die Sehnsucht nach Freiheit und großen Reisen. Mein Traum: eines Tages auf einer Bühne zu stehen und vor großem Publikum zu singen. Doch dann: Magenkrebs. Finales Stadium. Ich war noch nicht mal einundzwanzig Jahre alt.

Es ist so viel passiert seit der Diagnose. So viel Schreckliches, aber, so verrückt das klingen mag, auch so viel Phantastisches. Schon bald hatte ich das Gefühl, dass ich meine Geschichte erzählen möchte.

Zum einen möchte ich das, weil ich Menschen in vergleichbarer Situation die schreckliche Odyssee ersparen will, die mir widerfahren ist. Ich denke da vor allem an den Umgang einiger Ärzte mit mir und meiner Familie. Klar, Ärzte können vieles richtig machen, aber leider auch verdammt viel falsch. Es ist so wichtig, dass Fachleute sich Zeit nehmen, dass sie einem aufmerksam zuhören, dass sie genau hinschauen. Es kann so tragisch sein, wenn sie nur den einen Teil des Körpers betrachten, auf den sie spezialisiert sind, und einen dann mit den Worten »Du hast nichts« oder »Jetzt wird das wieder« wegschicken.

Zum anderen ist es mir auch ein Anliegen zu erzählen, woraus ich allen Mut und alle Lebensqualität schöpfe, seit ich aus der »normalen« Welt herausgeschleudert wurde: nämlich aus der Hilfe und dem Zuspruch von anderen. Diese Anteilnahme habe ich auf Facebook von Abertausenden gespürt. Sie bedeutet mir sehr viel.

Und ich habe sie auch von einer Freundin entgegengebracht bekommen. Ich kenne sie schon lange, doch eigentlich richtig kennengelernt habe ich sie erst im vergangenen Jahr. Sie ist diejenige, die kontinuierlich den Kontakt zu mir hält, auch dann, wenn ich einfach nur kaputt, mutlos und traurig in der Ecke hänge. Andere Freundinnen und Freunde haben sich von mir abgewendet. Das ist eine harte Erfahrung. Klar weiß ich: Sie sind unsicher, sie wissen einfach nicht, wie sie mit jemandem umgehen sollen, der schwer krank ist. Trotzdem. Den Kontakt abzubrechen, ist immer eine schlechte Lösung. Ich habe mich, wenn das passierte, jedes Mal verlassen und abgehängt gefühlt. Wer meine Geschichte liest, dem wird ganz nebenbei auch klar, dass es eigentlich gar nicht so schwierig ist, mit mir in Verbindung zu bleiben.

Besonders wichtig für mich ist meine Familie. Alle sind für mich da. Meine Eltern, mein Onkel, meine

Geschwister. Egal ob mit Taten, Worten oder einfach nur schweigend. Das habe ich immer gespürt, das ist mir beim Erzählen meiner Geschichte sehr deutlich geworden. Meine Familie hält mich. Dafür bin ich von ganzem Herzen dankbar.

All of Me

Ich bin zurück! Durch die Hölle gejagt. Wieder auferstanden. Ganz schön verändert bin ich, fast muss ich sagen: demütig geworden. Was nimmt man sich nicht alles vor, wenn man so verdammt tief unten ist. Das Leben zu ehren, jede Sekunde zu lieben, jedes Blümchen, jedes Lächeln, jeden Donut, den man essen kann, ohne sofort anschließend kotzen zu müssen.

Ich bin wieder im Leben, an Deck, am Mikrophon. Ich lasse mich nicht unterkriegen. Mein Kopf war unter Wasser, aber ich bin wieder aufgetaucht. Die Tumore sind in die Flucht geschlagen. Sie schrumpfen. Sie schrumpfen sich zu Tode. Sie töten nicht mich, sie sterben selbst.

Bald wird in der Computertomographie gar nichts mehr von ihnen zu sehen sein. Weg mit dir, Krebs, nur weg! Auf Wiedersehen sage ich nicht, das wäre ja verrückt. Hey, ihr Krebszellen, ich singe wieder. *All of Me*. Und das wird, ich verspreche es, nicht mein letztes Lied sein. *Wie schön du bist* werde ich als Nächstes singen. Wie schön du bist, Leben! Und das nächste Lied ist dann mein eigenes. Eines mit richtig krassem Text.

Ich weiß jetzt, wovon ich spreche. Alle sollen das

hören. Ich bin zurück in der Welt der Menschen, die eine Zukunft haben, ich bin glücklich. Ach, viel mehr noch: über-überglücklich.

So fühlte sich das an, damals im November 2014 in einem Tonstudio mitten in Hamburg. Mein Onkel hatte es für mich angemietet. Ich hatte gerade den ersten Block einer harten Chemotherapie hinter mir. In gewisser Weise waren er und ich Leidensgenossen, denn er hatte zwei Jahre vorher eine schwere Krankheit durchgemacht. Außerdem teilten wir die Liebe zur Musik.

Helmuth wohnt bei uns um die Ecke. An unser Haus grenzt ein Naturgebiet mit alten Bäumen und schmalen Wegen. Dort trafen wir uns an einem Nachmittag beim Spazierengehen. Ich dachte damals, es wäre ein Zufall, dass er da auch gerade herumlief. Später erzählte er mir, er habe mich abgepasst. Er wusste, wie krank ich war, und suchte deshalb Kontakt zu mir, wollte aber nicht aufdringlich sein und einfach bei uns zu Hause klingeln. Seine Idee war, mir von dem neu eingerichteten Studio eines seiner Freunde zu erzählen und mich so auf andere Gedanken zu bringen.

Wie immer sah er so aus, als wäre er unterwegs zu einem offiziellen Termin; er trug ein gebügeltes Hemd und Markenjeans. Mein Onkel ist so ein Typ, den man nie in Jogginghosen und Latschen antrifft. Man kann ihn deshalb für ein bisschen snobistisch halten, also für jemanden, der denkt, er wäre was Besseres. Ich glaube, ganz ehrlich, das tut er auch. Aber, na und? Er hat ein ziemlich gutes Herz.

Wir blieben stehen, ich war noch so schwach, dass

ich mich an einen Baumstamm lehnen musste. Dann erzählte er mir begeistert von seinem Freund und von dessen mega-ausgestattetem Tonstudio, und dass er da jetzt seine Klavierstücke aufnehmen würde. Ich fühlte mich wie angezündet, bettelte sofort: »Ich will dort singen.«

Mein Onkel sah mich vergnügt an, schließlich hatte er von vornherein gewollt, dass es darauf hinausläuft. Er überlegte kurz, dann antwortete er: »Klar, machen wir. Du sagst einfach, welches Stück. Nächste Woche habe ich Zeit.« So schnell ging das.

Später erzählte er mir, er habe nicht gedacht, dass ich tatsächlich so talentiert bin. Zwar wusste er, dass seine Nichte eine hübsche Stimme hat und schon seit ihrer Kindheit bei jeder Gelegenheit herumträllert. Aber dass sie so herausragend gut singt? Das habe er nicht ahnen können.

Für mich war es wie früher vor Weihnachten. Eine kribbelnde Vorfreude breitete sich in meinem ganzen Körper aus. Ich musste nicht lange überlegen, welches Stück ich aufnehmen wollte. *All of Me* von John Legend. Den amerikanischen R&B-Sänger finde ich gut, er wirkt auf mich überzeugend. Er kommt aus einfachen Verhältnissen. Nach seinem Studium arbeitete er als Berater für ein Consulting-Unternehmen und hat dort bestimmt viel Geld verdient – aber er hat sich trotzdem für die Musik entschieden. Das dürfte erst mal ziemlich mutig gewesen sein, denn egal, wie viel Talent jemand hat, nur wenige schaffen es zum Star. John Legend ist das gelungen. In Amerika ist er ein Superstar.

All of Me ist ein Lied, das so viel für mich ausdrückt. In dieser schweren Zeit meines Lebens habe ich es oft im Kopf, den Text, die Melodie, seine tiefe, warme Stimme. Manchmal, wenn ich das Lied höre, kommt es mir vor, als hätte es John Legend für mich ganz persönlich geschrieben. Diese Zeile zum Beispiel, sie passt so gut: »My head's under water, but I'm breathing fine.« Was für ein Satz! Wenn mein Kopf unter Wasser ist, atme ich trotzdem fein weiter. Na ja, fein, das ist keine gute Übersetzung. Ich atme trotzdem weiter. Tapfer weiter. So in der Richtung. Trotzig klingt das für mich. Zart auch. Das passt gut zu mir.

Gut aufgelegt, fast überdreht

Es war ein lustiger Tag. Ich war der umschwärmte Mittelpunkt. Ein schönes Gefühl, nachdem ich mich wie ein einziger Haufen Elend gefühlt hatte. Dieser Onkel, der ältere Bruder meiner Mutter, ich mag ihn. Wir sind als Kinder oft bei ihm gewesen, dann aber lange nicht mehr, obwohl er so nah bei uns wohnt. Als ich geboren wurde, hat er auf meine drei Geschwister aufgepasst. Das sorgt unterschwellig für eine besondere Beziehung zwischen uns beiden: Ich, die Kleinste, war mit meiner Mama im Krankenhaus. Das ging nur, weil die anderen drei so lange bei Onkel Helmuth und seiner Frau gut untergebracht waren.

Helmuth ist anders als meine Eltern, bei ihm stehen

zwei superteure Autos in der Garage, mit Ledersitzen und allem Schnickschnack, er hat einen Doktortitel und ein eigenes Unternehmen. Er verkörpert für mich so ein bisschen die große, weite Welt.

Sein Freund Erlin ist Bolivianer, ein sensibler Mann voller Lebensfreude. Die beiden behandelten mich wie einen kleinen Star. Sie waren geduldig und behutsam mit mir. Immer und immer wieder habe ich das Lied gesungen. Vierzehnmal insgesamt. Sechs Stunden ging das. Immer wieder brachen wir ab oder beschlossen: noch mal. Und noch mal. Und noch mal. Mal war ich zu nah am Mikro, mal klang das ganze Stück irgendwie öde, wie Kirchenchorgesang, lalala, ohne Höhen und Tiefen. Dann hatte ich keine Luft mehr, mir war schwindelig.

Die beiden Männer bestellten Pizza, damit ich ausruhen konnte. Wir haben uns hingesetzt und herumgeblödelt. Sie haben mich aufgezogen: »Helena, unser Star. Sprichst du noch mit uns, wenn du weltberühmt bist?«

Ich habe geantwortet: »Dann stelle ich hier erst mal ein Luxusstudio hin, und es gibt keine Pizza, sondern Steak und Champagner!«

Wir alle waren froh, dass es mir endlich wieder besser ging, obwohl meine Prognose doch so unterirdisch schlecht war. Ich war gut aufgelegt, fast überdreht. Erlin hat mir Komplimente gemacht für meine Stimme. Er sagte, das sei eine außergewöhnliche Blues-Stimme. Sie erinnere ihn an Joan Baez.

Es wurde schon Abend, als mein Onkel mir eine

Stagegitarre in die Arme drückte. Ein schweres Instrument, es kam mir vor wie ein wildes Tier. Die Saiten reagierten auf die kleinste Berührung. Ich musste mich voll konzentrieren, damit die Töne nicht meiner Stimme davonrannten. Meine eigene Begleitung trieb mich vorwärts. Ab und zu lächelte ich den beiden Männern zu, mein Onkel machte ein paar Grimassen, ich musste aufpassen, nicht loszuprusten und diese vierzehnte Aufnahme zu gefährden. Man kann auf dem Video sehen, wie ich mit dem Lachen kämpfe.

Helmuth ist irgendwann aus dem Raum gegangen, weil er spürte, dass diese Aufnahme der Hammer war. Er sagte später, er wollte mich auf keinen Fall aus meinem beinahe hypnotischen Zustand herausreißen. Mir standen Schweißtröpfchen auf der Stirn, ich gab wirklich alles, »all of me«, meine Stimme und meine Begleitung verschmolzen zu einer Einheit, alles stimmte in diesem Moment. Danach war ich kaputt wie nach einem Marathon mit abschließendem Sprint. In meiner Euphorie verpasste ich der Stagegitarre ein Küsschen, bevor ich sie zur Seite legte.

Die letzte Aufnahme war dann tatsächlich ideal als Vorlage für ein Helena-Zumsande-Video. Helmuth hatte mich beim Singen mit dem iPhone gefilmt. Er wollte zusammen mit der Tonaufnahme ein Video produzieren. Erlin, der professioneller Musiker ist, wollte das Stück noch mit Gitarrenbegleitung unterlegen.

Ich war froh. Froh und unbeschwert wie so lange nicht mehr. Versöhnt fühlte ich mich. Das Leben ist schon gerecht, dachte ich. Man fällt auf die Schnauze, man leidet – aber dann kommt wieder was ganz Schönes. Ich war bereit dafür. Ich hatte dem lieben Gott oder Jesus oder wem auch immer da oben versprochen: Wenn ich mit heiler Haut davonkomme, dann werde ich das Leben endlich richtig lieben.

An diesem Tag im November hatte ich noch keine Haare, ich trug ein Kopftuch, war dürr und bleich und geschwächt von der schweren Therapie. In meinem Rücken saß immer noch ein bohrender Schmerz – doch, ja, das war jetzt alles vergessen, Schwamm drüber, alle Ampeln standen auf Grün.

Wenn ich das Video heute, acht Monate später, ansehe, dann macht mich das traurig. Ich finde mich hübsch und fröhlich auf den Fotos, die eingeblendet sind, ich sehe den Bildern an: Ich glühte vor Lebensfreude und Zuversicht. Ich hatte ja keine Ahnung zu diesem Zeitpunkt, was noch an Schrecklichem kommen würde. An Schrecklichem, aber auch an unglaublich Schönem. Alles in so kurzer Zeit. Manches grenzt an ein Wunder.

Allerdings nicht an das Wunder der Heilung. Darauf warte ich noch, dafür bete ich jeden Tag. Es sind mir Dinge passiert, die ich nie für möglich gehalten hätte. So wenig, wie ich je für möglich hielt, was ich seit Oktober, dem Monat meines 21. Geburtstags, durchmachen würde, seit die Diagnose der Ärzte feststand: Ich habe Magenkrebs. Fortgeschrittenes Stadium. In den Lymphknoten haben sich Metastasen gebildet. Schulmedizinische Prognose: unheilbar.

Früher habe ich gerne Soaps gesehen, *Gute Zeiten, schlechte Zeiten*, *Anna und die Liebe*, irgendwelche trashigen Serien, von denen meine Freundinnen und ich keine Folge verpassen wollten. Wir haben »Oje, wie schlimm!« gedacht, wenn in diesen Geschichten ein Mädchen mit sechzehn schwanger wurde oder ein Junge seinem Chef beichten musste, dass er schwul ist. Seinen Job hat er dann natürlich behalten oder sogar einen noch besseren gefunden, meistens laufen diese Geschichten aus dem »ach so wahren« Leben ja auf ein Happy End hinaus. Ich erinnere mich auch an diese Szene: Eine Frau hatte in ihrer Brust einen Knoten ertastet. Sie war völlig außer sich. Alle waren in Panik, sie selbst am meisten. Noch bevor sie überhaupt beim Arzt war, hat sie schon über ihre Beerdigung nachgedacht. Sie stellte sich ein Blumenmeer vor und wer alles kommen und um sie trauern würde. Und dann: Fehlalarm! Nur ein gutartiger Tumor.

Bei solchen Sachen sind meine Freundinnen und ich voll mitgegangen, mit Chips und Bier auf dem Sofa. Wir waren gerührt, haben alles gespannt mitverfolgt und gehofft, dass wir selbst von ähnlichen Dramen verschont bleiben. Andererseits waren wir uns sicher: Auch wenn wir mal in größere Schwierigkeiten kommen sollten, es gibt immer einen Ausweg. Wir sind alle ziemlich behütet aufgewachsen. Wir kannten es nicht anders – im Zweifelsfall waren Mama und Papa auch noch da und zogen die Karre aus dem Dreck.

Doch plötzlich begann mein eigenes Drama, das alles, was ich bis dahin für denkbar hielt, in den Schatten stellte. Es kommt mir heute noch oft vor, als könnte das alles nicht wahr sein. Mein eigenes Leben erscheint mir wie ein Film, in dem ich die Hauptfigur spiele, eine sehr tragische Hauptfigur leider. Und ein guter Ausgang ist ganz bestimmt nicht garantiert.

Mir geschieht etwas, von dem ich immer dachte: So etwas passiert nur anderen. Nicht einem selbst! So denken doch alle. Wenn in Tunesien einer Strandtouristen abknallt. Wenn ein Verrückter ein Flugzeug absichtlich in einen Wolkenkratzer steuert oder an einem Berg zerschellen lässt. Oder wenn jemand Krebs hat. Mich trifft so was nicht! Man sagt so etwas nicht laut, das wäre ja auch ziemlich dumm. Aber man fühlt es so. Und plötzlich ist man dann doch selbst dran.

Unvorstellbare Ereignisse können positiv oder negativ für einen sein. Die positive Variante könnte bedeuten, im Lotto eine Million zu gewinnen oder als Supermodel entdeckt zu werden, so wie Toni Garrn, mitten in Hamburg, einfach irgendwo beim Einkaufen. Herumspazieren, eine billige Einkaufstasche am Arm, Schwupp, da kommt ein Modelscout auf sie zu und lädt sie zu einem Fotoshooting ein. Und schon ist sie auf dem Titel der *Vogue*, reist von London nach New York oder Paris, und man sieht sie mit Leonardo DiCaprio in einem Luxuspool auf den Malediven plantschen.

Eine der negativsten Varianten habe ich aus dem Lostopf des Schicksals gezogen. Was ich erlebe, zählt zum Schlimmsten, was einem zustoßen kann. Okay, ich habe eine wirklich tolle Familie, das haben andere eventuell nicht. Die Schmerzen und die Übelkeit sind irgendwie auszuhalten, weil es dagegen Medikamente gibt, die haben andere auch nicht. Aber ich fühle mich entsetzlich mit dieser Krankheit. Ich bin doch noch so jung!

Einblick in mein Leben

»Dein Vater ist über mich gestolpert«, sagt meine Mutter, wenn sie erzählt, wie die beiden sich kennengelernt haben. Das war in Münster, wo beide studiert haben. Sie saß am Ufer des Aasees auf einer Decke und lernte, mein Vater eilte zu einem Arbeitskreis. Dann sah er meine hübsche Mama dort sitzen und ist bei ihr hängengeblieben. Bis heute. Das ist eine schöne Geschichte, finde ich. Meiner Mutter fiel sofort auf, dass er so lieb mit einem kleinen Kind umging, das dort herumlief. Das erzählt sie gerne. Ich nehme an, sie konnte sich da schon vorstellen, dass er einen guten Familienvater abgeben würde.

Mein Vater hat Mathematik studiert. Ein schreckliches Fach, wie ich finde, für mich im Ranking der übelsten Fächer auf dem vordersten Platz ganz knapp vor Physik. Mein Vater arbeitet heute als Controller in der Verwaltung eines Krankenhauses.

Meine Mutter studierte Sozialpädagogik. Das liegt mir schon mehr. Sie hat eine Zusatzausbildung als Systemische Familientherapeutin gemacht und arbeitet in einer Erziehungsberatungsstelle. Dahin wenden sich meistens Eltern, die mit einem ihrer Kinder nicht mehr klarkommen. Sie sind ratlos und erzählen, dieses Kind mache dauernd Stress. Meine Mutter sagt, oft hätten alle anderen in dieser Familie die Illusion, dass ihr Leben total entspannt sein würde, wenn nur das eine Kind etwas pflegeleichter wäre. »In der Regel stimmt das so nicht«, sagt meine Mutter. Wenn das eine Kind keine Probleme mehr hätte, dann kann es sein, dass ein anderer in der Familie für Stress sorgt. Manche Familien brauchen eine Art Sündenbock, damit sich die anderen alle schön in Ordnung fühlen können. Was ist mit der ganzen Familie los, muss man sich fragen, wenn einer schwierig ist. Was gibt es für Entwicklungschancen für alle?

Vielleicht gilt das gleiche Prinzip ja auch für uns. Ich war die, die die meisten Probleme gemacht hat. Ich war anders als die anderen. Dann bekam ich diese Krankheit. Und plötzlich waren alle gefordert, sich zu verändern.

Ich bin die Jüngste von vier Geschwistern. Wir leben in einem ruhigen Städtchen, vierzig Kilometer nördlich von Hamburg. Die Einfamilienhäuser hier sind aus roten Backsteinen und stehen auf großen Grundstücken mit gepflegten Gärten. Wenige Meter von unserem entfernt befindet sich das Biotop, in dem ich Helmuth getroffen habe, bevor wir ins Studio gefahren sind. Es gibt dort einen Fluss, Teiche und hohe, alte Bäume. Von hier hoppeln immer wieder wilde Hasen zu uns herüber, über unsere Wiese in unsere Beete. Von meinem Zimmer aus kann ich die Frösche quaken hören.

Unser Haus ist verwinkelt und wirkt dadurch gemütlich. Früher war davor und dahinter ein großer Sandkasten. Ich glaube, bei uns gab es die größten Sandkästen weit und breit, deshalb sind die Kinder aus der Nachbarschaft oft zu uns zu Besuch gekommen. Diese Attraktionen sind mittlerweile verschwunden, aber immer noch steht mitten im Garten eine Art Hollywoodschaukel aus Holz. Darin habe ich früher viel gesessen. Ich habe mich hin- und herschaukeln lassen, den Wind gespürt. Dabei sah ich den Wolken zu und stellte mir vor, dass riesige, aufgeplusterte Tiere den Himmel entlangtreiben. Heute wird mir schlecht in der Schaukel.

Mir wird immer und überall schlecht. Ich überstehe längere Autofahrten nicht ohne Tabletten oder ein Pflaster gegen Übelkeit, manchmal muss ich mich trotzdem erbrechen.

Meine Eltern haben unser Haus nach und nach vergrößert. Zuerst gab es nur den Wohnraum, das Elternschlafzimmer und drei Kinderzimmer. Später wurde ein Wintergarten im Eingangsbereich angebaut. Erst als ich ungefähr zehn war, war alles fertig: ein Haus für eine große Familie.

Wenn man zur Haustür reinkommt, geht es vom Flur links ab zum Wohnbereich meiner Eltern. Das ist ihr Rückzugsort. Dort befinden sich ihr Schlafzimmer und ein Wohnzimmer, das sogar mit einem Kamin ausgestattet ist. Die beiden wollten sich immer auch noch ein Leben für sich, also ohne uns Kinder, bewahren. Ich verstehe das. In einer Familie mit vier Kindern, mit deren Freunden und mit Katzen und einem Hund herrscht ständig Durcheinander. Als alle noch zu Hause wohnten, musste man zusehen, dass man sich irgendwie ein Stückchen Ruhe erkämpfte. Dauernd gingen die Türen auf und zu, den ganzen Nachmittag machte sich immer wieder irgendjemand am Kühlschrank zu schaffen, aus mindestens einem der Zimmer kam laute Musik, entweder aus dem CD-Player oder selbst gespielt, oder meine Schwester Theresa und ich schrien uns an. Irgendwas war immer.

Es ist heute noch so: Kaum kommt einer meiner Brüder zu Besuch, schon sitzt er am Klavier. Das Neueste, was Johannes sich angeeignet hat und sofort spielt, wenn er da ist, ist die Filmmusik zu *Jurassic Park*. Ich bekomme die Melodie dann den Rest des Tages nicht mehr aus meinen Ohren.

Meine Eltern haben uns nie einfach ruhiggestellt. Das ist eine ziemliche Leistung, finde ich. Als Kinder durften wir kaum fernsehen, Gameboy und solche Sachen gab es für uns gar nicht. Wir waren viel draußen, haben unserem Hund Kunststücke beigebracht oder sind unserer Katze hinterhergeflitzt. Die Ferien verbrachten wir alle meistens in Lehe im Emsland, auf dem Bauernhof, wo mein Vater aufgewachsen ist und meine Großeltern heute noch leben. Er hat acht Geschwister, und so waren in den Ferien jede Menge Cousinen und Cousins dort. Viel Geld war bei uns nie übrig. Teure Urlaube kamen daher nicht in Frage.

Auf eine berufliche Karriere waren meine Eltern nicht erpicht. Wichtig war ihnen immer zuerst die

Familie: viel Zeit gemeinsam zu verbringen, die Mahlzeiten zusammen einzunehmen, viel miteinander zu reden. Dass man schweigsam zusammensaß, das gab es nicht. Ich kam manchmal gar nicht mehr mit, weil meine Geschwister so viel und so schnell geredet haben. Das typische Los der Kleinsten, würde ich sagen.

Bildung hat bei uns einen hohen Stellenwert. Und eben Musik. Meine Brüder spielen beide super Klavier, Simon auch noch Tenorhorn, Keyboard und Gitarre, Johannes Klarinette und Keyboard, meine Schwester Gitarre und Geige. Am Klavierunterricht sind wir Schwestern schnell gescheitert. Es war dem Lehrer nicht mehr zuzumuten, sagen meine Eltern.

Die anderen konnten fast alles, ich nichts

Ich bekam als Kind Gitarren- und Gesangsunterricht. Das wollte ich unbedingt, schon mit zwölf, dreizehn Jahren. Gesangsunterricht hatte sonst keiner von meinen Geschwistern, das war mein Refugium. So ziemlich mein einziges, denn die anderen konnten fast alles – und ich fast nichts. Das war jedenfalls meine Wahrnehmung: Die anderen sind Überflieger, und ich bin eher der Typ, der sich bei allem anstrengen muss. Darunter habe ich gelitten.

Bei den meisten Sachen mussten mich meine Eltern anschieben. Den Gesangsunterricht hatte ich mir ganz alleine in den Kopf gesetzt. Genauso wie ich mit acht

Jahren beschlossen habe, Ballett lernen zu wollen. Damals bin ich mit einer Freundin zur Ballettschule marschiert und habe gleich mal angekündigt, dass ich ab nächster Woche zum Unterricht kommen würde, ohne dass meine Eltern davon wussten.

Alle in der Familie waren überrascht darüber, dass ich so unbedingt Gesangsunterricht nehmen wollte. Ich mochte den Unterricht sehr. Vier tolle Jahre bei Gwen, meiner Lehrerin, waren es insgesamt.

Ich war ein ziemlich süßes Mädchen, wenn ich mir die Fotos von früher so ansehe: blonde Haare, große strahlend blaue Augen, Storchenbeine. Meine Eltern sagen, ich war ein Kind, dem immer alle über den Kopf streicheln wollten, das aber keineswegs nur lieb, sondern ziemlich eigenwillig und auch ganz schön wild war. Manchmal habe ich sie an Pippi Langstrumpf erinnert. Wenn wir zu Besuch auf dem Bauernhof meiner Großeltern waren, dann verschwand ich meistens sofort im Stall. Einmal suchten sie mich eine Weile und erschraken, als sie mich wiedersahen: Da saß ich in zehn Meter Höhe auf einem wackeligen Strohballenstapel und winkte vergnügt zu ihnen hinunter.

Weil ich die Kleinste war und außerdem so niedlich aussah, kann man natürlich denken, dass ich verwöhnt und verhätschelt wurde. Das war aber nicht so. Ich habe mich immer als die Doofste gefühlt in meiner Familie. Ein bisschen auch als Störenfried. Vielleicht lag es daran, dass meine Eltern eigentlich gar kein viertes Kind mehr gewollt hatten. Jedenfalls war ich eigentlich nicht geplant gewesen. Der Sprung von drei auf vier Kinder ist ziemlich groß. Es gab ja nur drei Kinderzimmer, als meine Mutter zum vierten Mal schwanger war. Meine Eltern hatten sowieso schon kaum Geld, jetzt mussten sie einen Bus kaufen, weil in unser Auto hinten keine vier Kinder passten. Man kann sich also gut vorstellen, dass sich die Freude über mich erst mal in Grenzen hielt.

»Du warst für uns ein Geschenk. Wir waren sehr glücklich, dich zu bekommen«, sagen meine Eltern. Meine Geschwister sind immer schön im Abstand von eineinhalb Jahren geboren. 1987, 1989, 1990, ich dann am 31. Oktober 1993, drei Jahre nach meiner Schwester Theresa. Damit fing die Unordnung schon an.

Meine beiden Brüder Simon und Johannes haben meinen Eltern kaum Sorgen gemacht. In meiner Erinnerung waren sie immer superbrav. Simon war nur eine kurze Phase lang schwierig. Er hatte keine Lust, Vokabeln zu lernen, und musste vom Gymnasium auf die Realschule wechseln. In dieser Zeit gab es viel Krach. Zwar war ich noch klein, aber ich erinnere mich gut, dass mein Vater viel geschimpft hat und dass mir Simon leidtat. Ich liebte ihn so, er war mein Beschützer, mein angehimmelter großer Bruder.

Wenn ich von Simon erzähle, dann sage ich immer: »Simon ist mein Lebensretter.« Denn als ich noch nicht schwimmen konnte, waren wir mal auf Mallorca. Vom Kinderpool aus ging es direkt hinüber in den

Erwachsenenpool, nur eine Stange, vierzig Zentimeter über dem Wasserspiegel, war dazwischen, unter der ich mich einfach durchbücken konnte. Ich bin ins tiefe Wasser geraten und abgesunken. Simon ist zu mir geschwommen, so schnell er konnte, und hat mich herausgezogen. Daran denke ich oft.

Ich weiß, dass er mir so gerne auch heute das Leben retten würde. Ich sehe ihm seine Traurigkeit an, wenn es mir schlecht geht, wenn wieder eine neue Hiobsbotschaft eingetroffen ist, die meine Erkrankung betrifft. Simon studiert Medizin. Er kommt an alle Studien heran, und er kann mich trotzdem nicht einfach schnell retten so wie damals.

Nach der Realschule hat er eine Ausbildung zum Chemielaboranten gemacht, dann holte er das Abitur nach und schloss mit 1,0 ab. Eins Komma null!

Johannes, der Zweitälteste von uns, ist so eine Art Superhirn. Er kam locker durchs Gymnasium. Viel getan hat er nicht, aber ein Abitur mit eins Komma irgendwas gemacht. Erst studierte er Maschinenbau. Nach dem Bachelor wollte er den Master nicht mehr machen. Nicht, weil ihm das zu anstrengend vorkam, sondern im Gegenteil, es erschien ihm zu langweilig. Er studiert jetzt Biomedizintechnik, so etwas wie Maschinenbau für Menschen. Ist das nicht komisch? Gerade jetzt, wo sich bei uns so viel um Medizin dreht, lernt auch Johannes so nebenbei die menschliche Anatomie.

Mit meinen Eltern hatte Johannes nie ein Problem, weil er immer alles genial hingekriegt hat. Jedenfalls sah das für mich so aus. Meine Eltern erzählen, dass es in Wirklichkeit auch mit ihm einige Reibereien gab, zum Beispiel weil er Gemüse hasste. In dieser Hinsicht war ich wiederum eine Freude für meine Eltern. Ich liebe es zu essen. Wenn etwas gut zubereitet ist, oh meine Güte, dann esse ich alles.

Johannes konnte mich früher manchmal zur Weißglut bringen, weil er sich nach außen hin nie aufgeregt hat. Er konnte meine Schwester und mich total auflaufen lassen. Am schlimmsten war es für mich, wenn er mich nachgeäfft hat. Mir steigt heute noch die Zornesröte ins Gesicht, wenn ich daran denke. Es passt zu seiner Intelligenz, dass er diese nervige Art von einem Tag auf den anderen abgelegt hat. Ich habe ihm mal ganz ehrlich gesagt, dass ich mich so hilflos fühle, wenn er mich provoziert. Er hat sich das angehört. Und einfach beschlossen, sein Verhalten zu ändern. Ab diesem Moment war er anders zu mir. Wer macht so was schon? Niemand! Das bewundere ich an ihm.

Seit einigen Monaten studiert Johannes in Chile. Heute ist er von meinen Geschwistern der, der mir gegenüber am meisten seine Gefühle zeigt.

Meine Schwester Theresa ist ganz anders als ich. Sie umgibt sich mit engagierten Leuten, mit denen sie gerne wandert und tiefsinnige Gespräche führt. Entwicklungs- und Sozialpolitik ist ihr Interessengebiet; sie will die Welt verbessern. Theresa hat nicht dieses Keinen-Bock-Gen, das mir oft im Weg stand, in vielerlei Hinsicht, besonders aber, wenn es um die Schule ging.

Theresa und ich haben als Kinder viel gestritten. Ich war oft eifersüchtig auf sie. Und sie oft stinksauer auf ihre blöde kleine Schwester, die alles versucht hat, um sie zu ärgern. Im Grunde ging es um alberne Sachen, aus heutiger Sicht, der übliche Schwesternkrieg eben. Zum Beispiel hatte sie die wesentlich bessere Stickersammlung.

Da habe ich ihr dann, weil ich so neidisch war, einfach die Seiten mit Kugelschreiber vollgekritzelt. Abends haben wir mit Hilfe der Karaokemaschine gerne im Duett unsere neuesten Lieblingslieder gesungen oder im Wohnzimmer zusammen getanzt. Oder wir haben im Bett miteinander gekuschelt, was aber meist nicht lange gut ging. Wir lagen uns manchmal so in den Haaren, dass mein Vater uns auseinandergezerrt und jede von uns in ihr Zimmer befördert hat. Unsere Zimmer lagen nebeneinander, so gaben wir uns dann einfach Klopfzeichen durch die Wand und verbündeten uns wieder. Wir konnten damals irgendwie weder miteinander noch ohneeinander.

Als wir älter wurden, kamen unsere Unterschiede voll zum Tragen. Theresa ist in der freikirchlichen Jugend aktiv. Mit ihren Freunden unternimmt sie viele Rucksackreisen. Ohne Pause singen sie im Bus gemeinsam *Jesus-Jesus-Jesus*-Lieder. Sie war in Singapur, und erst vor kurzem ist sie aus China zurückgekehrt. Theresa ist ein Typ Mensch, der anpackt. Sie ist meistens gut gelaunt, voller Freude und Tatendrang.

Ich war als Jugendliche vergleichsweise eher oberflächlich. Mich interessierten in erster Linie Äußerlichkeiten. Innere Werte – schön und gut, das ist, so dachte ich, nichts als ein Trostpflaster für jemanden, der äußerlich nicht mithalten kann. Dem wird großmütig gesagt: »Macht doch nichts! Es kommt ja auf die inneren Werte an!« Das mit den inneren Werten betraf mich selbst also nicht so sehr. Ich sah gut aus. Das wusste ich, auch wenn ich immer an mir gezweifelt habe. Meine großen ausdrucksvollen Augen, meine langen blonden Haare, die gleichmäßigen Zähne, meine Größe – auf das alles war ich stolz.

Meine Freundinnen und ich konnten Stunden damit verbringen, uns zu stylen. Sexy Kleider, Hunderte Flaschen Nagellack, Schuhe mit hohen Absätzen, kistenweise Haargummis, Armbänder, Ohrschmuck – das war für mich lebenswichtig. Ich wollte, seit ich vierzehn war, ein Tattoo, gerne auch mehr als eins – das haben meine Eltern aber nicht erlaubt. Kaum war ich achtzehn, habe ich mir einen Notenschlüssel auf die Innenseite des linken Handgelenkes stechen lassen. Theresa wollte nie ein Tattoo. Sie war zufrieden damit, wie Gott sie geschaffen hat. Sie hat sich auch hübsch angezogen. Aber es ging ihr nie wie mir um die große Selbstinszenierung.

Theresa bekam auch keine hysterischen Anfälle, wenn sie mal ein paar Kilo zu viel wog. Ich habe mich ständig runtergemacht: Ich bin zu fett. Wäre ich doch schlanker! Immer habe ich mich mit anderen verglichen, die ich hübscher und dünner fand als mich selbst. Dabei hatte ich eine schöne Figur. Heute wiege ich so viel, wie ich mir das damals gewünscht hätte. Heute habe ich Size Zero, was ich damals für das Nonplusultra hielt. Ich muss bald künstlich ernährt werden. Ich kann es niemandem empfehlen.

Jetzt hat Theresa ihr Studium zur Förderschullehrerin abgeschlossen, bald beginnt sie in England eine dreimonatige Sprachausbildung in Englisch an einer christlichen Schule, um später eine englischsprachige Bibelschule in Holland besuchen zu können. Zur Überbrückung der Zeit bis zum Beginn des Referendariats zieht sie dann erst mal bei uns ein. Während des Referendariats möchte sie sich eine Wohnung in unserer Nähe suchen. Ich freue mich darauf. Wir kommen schon seit längerem gut miteinander aus. Es nervt mich auch nicht mehr so, wenn sie von Jesus redet. Sicher auch, weil ich inzwischen ein gutes Gefühl mit Jesus habe.

Vor kurzem hat sie sogar gesagt: »Ich möchte gar nicht mehr leben, wenn Menschen so leiden müssen wie du.« Wir saßen ganz eng zusammengekuschelt auf dem Sofa, ich hatte noch Ylvie, unsere Katze, auf dem Schoß. Theresa war traurig. Sie hat dann aber gemeint, dass sie sich Jesus weiterhin anvertrauen wolle. Er entscheide, wer wie lange leben soll, und er habe unser Leben gut geplant. Sie erzählte mir in diesem Gespräch, sie stelle sich vor, dass sie nach ihrem Tod vor Jesus kniet und zuhört, wie er mit tiefer, sanfter Stimme Geschichten erzählt.

In mir tut sich ja so viel in den letzten Monaten. Ich

bin Theresa jetzt so viel näher. Heute haben für mich innere Werte eine ganz andere Bedeutung. Sie sind das Einzige, worauf es ankommt, wenn man sich auf seinen Körper keine Minute mehr verlassen kann. Wenn man nicht weiß, was er gerade wieder ausbrütet, ob es etwas Ernsthaftes ist oder etwas, das von selbst wieder verschwindet, ob es einem nur einen Schrecken einjagt oder einen tötet.

Überall Stress

Früher war ich sehr empfindlich und liebesbedürftig, ich brauchte viel Aufmerksamkeit und wollte auf keinen Fall übersehen werden – das aber konnte leicht passieren in einer so großen Familie mit lauter starken Persönlichkeiten. Oft hatte ich das Gefühl, ich müsse mich wahnsinnig anstrengen, damit ich nicht untergehe, weil alle immer so schnell waren und so genau wussten, was sie wollen.

Meine Eltern haben sich bemüht, uns viel zu ermöglichen, denke ich heute, aber sie hatten auch sehr viel zu leisten – mit ihren Jobs, mit dem Haus und mit uns vier Kindern. Die Kinder sollten deshalb funktionieren, sich selbständig um ihre Sachen kümmern und möglichst wenig Ärger machen. Es gab so eine Pfadfindermentalität bei uns: Zähne zusammenbeißen, nicht lamentieren, weiter geht's. Ich weiß nichts Genaueres, aber meine Mutter musste als Kind einiges aushalten, sie wurde in der Schule sogar eine Zeitlang gemobbt. Und mein Vater kommt vom Bauernhof, musste schon früh als Kind mit anpacken, da ist man nicht zimperlich. Daher kommt so was wahrscheinlich.

Als Jugendliche hatte ich immer mal wieder Ärger mit meinem Vater. Mein Verhalten passte nicht in sein Schema. Mein Vater ist selbst immer hundertprozentig. Er will, dass jeder sein Leben in die Hand nimmt, und er meint, dass Schwächen dazu da sind, überwunden zu werden. Er sagte uns zwar, dass jeder ruhig seinen eigenen Weg gehen solle. Aber er hat dabei hohe Ansprüche. Aus seiner Sicht war nicht eine große Karriere das Ziel, die haben er und meine Mutter ja auch nicht gemacht. Aber keines von uns Kindern sollte halbe Sachen machen, sondern das, was es tut, mit Leidenschaft auf bestmöglichem Niveau.

Fast wäre ich auf der Hauptschule gelandet, weil ich so wenig Lust hatte zu lernen. Und ausgerechnet wegen einer Fünf in Hauswirtschaft, die aus meiner Sicht ungerecht und für meinen Vater einfach nur unbegreiflich war. Ich schaffte dann gerade so die Realschule. Mir war der meiste Schulstoff einfach egal. Es interessierte mich nicht, was Napoleon in Frankreich vorhatte, wie eine Kuh von innen aussieht oder was *Don Carlos* uns heute noch zu sagen hat. Mir nichts, das wusste ich schon, als ich dieses kleine gelbe Büchlein im Regal sah. Vokabeln lernen mochte ich auch nicht, überhaupt fand ich es reine Zeitverschwendung, über Büchern zu sitzen und das ganze Zeug auswendig zu lernen. Darin sah ich keinen Sinn. Wozu muss ich so etwas wissen? Wozu muss ich es in meinem Kopf haben, wenn ich es bei Bedarf, den es in den meisten Fällen nicht geben wird, im Internet finde? Mich trieb sehr viel mehr die Sorge um, etwas zu verpassen, im echten Leben, außerhalb der Schule.

Das Interessante lag doch in der Luft, auf dem Weg, auf der Straße. Musik hören, mir Lieder ausdenken und sie singen, meine Freundinnen aus der Nachbarschaft, mit denen ich stundenlang reden konnte – all das war mir wichtig. SMS, WhatsApp, Facebook, Shoppen, Reisen fand ich gut. Ich wäre gerne noch sehr viel mehr gereist. Mit meiner Clique zeltete ich ein paarmal auf der Ostseeinsel Fehmarn. Es war so eine witzige Zeit dort. Der Schock war groß, als ich später erfuhr, dass dort auch diese rechtsradikalen Typen des NSU gezeltet haben. Was für eine furchtbare Vorstellung, dass man im Prinzip mit denen hätte plaudern können, ohne zu ahnen, dass sie Menschen umgebracht haben, nur weil sie Ausländer waren.

Das Zelten habe ich wirklich sehr gemocht. Wir flirteten viel, meine Freundinnen und ich haben uns die Köpfe zerbrochen, wer in wen verknallt sein könnte, es war ein großes Spiel. Zu den Regeln gehörte, unbedingt desinteressiert zu tun, wenn einem jemand gefiel. Und sich dann besonders ins Zeug zu legen, wenn jemand cool und unnahbar wirkte. Das waren eigentlich so meine Vorlieben.

Meinem Vater bin ich damals möglichst aus dem Weg gegangen. Er konnte so übertrieben ärgerlich werden. Wenn man seine Tasse nicht ordentlich in die Geschirrspülmaschine geräumt hatte, sondern sie einfach auf dem Tisch herumstehen ließ, dann konnte ihn das irrsinnig aufregen. Er schimpfte, in einer Gemeinschaft müsse man sich einfach so und so verhalten, das erwarte er. Und dann machte er dicht. Er brachte es fertig, aus so einem Grund mehrere Tage nicht mehr mit mir zu sprechen.

Vielleicht hatte er ja recht, denn von alleine wegräumen fiel mir damals sicher nicht ein, aber man kann da auch lockerer bleiben. Ich hatte ihm gegenüber oft das Gefühl, nicht in Ordnung zu sein. Ich glaube, er wusste gar nicht, was er mir mit seiner vorwurfsvollen Art antat. Ich fühlte mich oft traurig und eingeengt durch ihn.

Mit meiner Mutter war es einfacher. Ich konnte allerdings nicht verstehen, warum sie meinen Vater nicht in die Schranken gewiesen hat, wenn er zu mir so abweisend war. Oder sie hat es versucht, aber nichts erreicht. Ich weiß es nicht. Wenn ich Kinder habe, dann werde ich so etwas nicht zulassen. Das habe ich mir geschworen.

Meine Mutter hat das alles irgendwie ertragen, weitergemacht, als wäre nichts passiert. Sie war dann einfach nur angespannt und hatte so eine geschäftige Art. Es sei ihre Weise, in einer schwierigen Situation für Stabilität zu sorgen, hat sie mal gesagt. Versuchen, trotzdem alles auf die Reihe zu kriegen, zu funktionieren. Im Grunde ist das auch jetzt, wo ich todkrank bin, ihre Strategie. Heute gibt mir das Sicherheit. Sie kann viel aushalten, und ich kann mich auf sie verlassen. In Extremsituationen ist sie voll da.

Party, Party, Party

Wir waren eine feste Clique. Zu meinen Freundinnen gehörten Sonja, Denise, Miri, Maja und Lisa* – und wir hatten vor allem eins im Sinn: Party. Ich fand das toll, wie schon gesagt, sich schön anziehen, schrille Klamotten, coole Schuhe, sich schminken, lachen, Party, Party. Wir haben uns drei Stunden lang in meinem Zimmer vorbereitet, dann sind wir los. Viel Alkohol gehörte dazu.

In den Clubs, die wir besuchten, haben sich viele Leute auch Drogen reingezogen, Haschisch sowieso, aber auch härteres Zeug wie Ecstasy und andere Pillen. Ich nicht. Ich mag keine Drogen. Die haben mir immer Angst gemacht, ich wollte nicht in dichten Nebel abdriften und nicht mehr ich selbst sein. Heute schlucke ich jeden Tag hochpotente Schmerzmittel, ich bin verlangsamt in allem, was ich tue, eigentlich dauerbenebelt.

Wir waren wirklich wild drauf. Das fanden meine Eltern nicht schlimm, sie lächelten und wünschten uns eine schöne Zeit, wenn wir dann endlich gegen elf Uhr loszogen. Sie haben sich mitgefreut, hatte ich den Eindruck, es gefiel ihnen, dass ich beliebt war und dass wir Spaß hatten. Allerdings nur am Wochenende, wenn keine Schule war, lief das so lässig.

Einmal ist mein Vater auf einen Artikel in der *Hamburger Morgenpost* gestoßen. Beim Bäcker erkannte er mich

---

* Namen sind verändert.

auf der Titelseite, erlitt wohl einen leichten Schock, kaufte aber ausnahmsweise die *Mopo*. Da waren meine Freundin Melly* und ich, beide lange blonde Haare, beide enge schwarze Kleider, auf einem Foto zu sehen, ich trug orangefarbenen Nagellack, sie blauen, unter dem Bild stand der folgende Text: »»Auch wenn Männer bei Helena […] und Melanie […] (beide 18) mit offenem Mund stehen bleiben, guckt das Duo scheinbar niemanden an. Tatsächlich schauen sich die beiden Single-Frauen sehr genau um: ›Wir tanzen zusammen und warten, bis uns einer gefällt‹, sagt Helena. ›Wenn eine von uns angebaggert wird, der Typ aber 'ne Niete ist, machen wir einen auf lesbisch und knutschen miteinander.‹ Gezielte Absichten haben sie nicht, erklärt Melanie. ›Passieren kann aber alles – jeder hat Bedürfnisse.‹««

Heute finde ich das etwas peinlich, ich bin auch sicher, dass wir das gar nicht im Wortlaut so bescheuert gesagt haben. Trotzdem ist es ein Beispiel dafür, wie wir in dieser Zeit drauf waren.

Mein Vater hatte den Artikel aufgehoben. Vor kurzem hat er ihn aus dem Ordner geholt und mir auf den Tisch gelegt. Oh meine Güte, wenn ich so etwas heute sehe: Ich möchte das alte Leben nicht mehr haben. Das meiste war Show. Ich war ja gar nicht wirklich so cool. Hinter der Fassade habe ich mich hohl und leer gefühlt und vor allem immer unzureichend. Es war wie ein Bohren tief in meinem Inneren. Ich konnte gar kein

---

* Name ist verändert.

richtiges Glück, keine Erfüllung und Lebenslust empfinden, selbst dann nicht, wenn wir alle zusammen gefeiert und gelacht haben, weil immer so ein Gefühl dabei war: Ich bin nicht gut genug. Andere sind besser. Es ist wirklich hart, daran zurückzudenken. Ich hatte doch so viel, damals, im Vergleich zu heute. Ich konnte alles machen, ich gehörte ganz bestimmt zu den zehn Prozent, die richtig privilegiert sind auf dieser Welt. Nur was nützt einem das, wenn man es nicht merkt?

Vielleicht wusste ich einfach schon früh, dass ich nicht so viel Zeit dafür haben würde, mit allen meinen Sinnen zu leben. Vielleicht wollte ich deshalb keine Minute an Dinge verschwenden, die nur auf die Zukunft hin ausgerichtet waren und überhaupt keinen Spaß brachten. Komisch, ich bin die Einzige in unserer Familie, die sich immer Sorgen gemacht hat, schwer krank zu werden. Obwohl ich doch laut Kinderarzt immer kerngesund war. Unsere Ärztin hat zu meiner Mutter sogar mal gesagt: »Ihre Kinder werden immer besser« – damit meinte sie, dass ich gesundheitlich sogar am besten von allen geraten bin.

Der kleinste rote Fleck hat in Wirklichkeit genügt. Man könnte mich fast als Hypochonder bezeichnen. Ich habe mal den Spruch gehört: Hypochondrie schützt nicht vor Krankheit. Das könnte bei mir ziemlich gut zutreffen. Ich habe mir vielleicht schnell mal eine ernsthafte Krankheit eingeredet – und jetzt habe ich wirklich eine. Ich mache mir dauernd Gedanken. Gab es immer schon eine Art Tumor in mir? Irgendwelche kranken Zellen? Habe ich das gespürt, aber die anderen konnten es nicht nachvollziehen? Wie auch? Oder habe ich mit meiner Angst vor einer Krankheit das Unglück vielleicht sogar angezogen?

Ich suche nach einer Antwort, nach einer einleuchtenden Erklärung. Meistens laufe ich damit ins Leere. Auch, weil so viele andere Menschen genauso gelebt haben wie ich oder viel, viel ungesünder – sie sind aber nicht krank geworden.

Ich singe

In fast allen Bereichen hatte ich Selbstzweifel. Nur was meine Stimme angeht, da hatte ich nie welche. Ich kann es nicht erklären, es war einfach so. Auf meine Stimme und mein Takt- und Rhythmusgefühl war ich stolz und habe mich darüber gefreut, ich wusste immer: Da kann mir keiner so schnell das Wasser reichen.

Gwen, meine Gesangslehrerin, mochte mich sehr. Sie ist Engländerin. Zuerst hat sie eine Ausbildung zur Heilpraktikerin gemacht, um etwas Vernünftiges in der Tasche zu haben. Dann zog sie nach Hamburg und konzentrierte sich ganz auf die Musik. Sie schreibt selbst Lieder, hat eine Band und unterrichtet »junge Talente«, wie sie es ausdrückt. Ihr Weg gefällt mir.

Sie war es auch, die mich bald ermuntert hat aufzutreten. Wir haben zusammen *Unfaithful* von Rihanna geprobt. Das war mein erstes Lied, das ich, gerade vierzehn Jahre alt, vor ungefähr vierhundert Leuten bei einer Veranstaltung in meiner Realschule gesungen habe. Ich hatte davor riesiges Lampenfieber, auf der Bühne aber war die Aufregung schnell verflogen. Das Publikum war fasziniert von mir, das habe ich genau gemerkt. Der Applaus war für mich wunderbar. Es war einer dieser Momente, in denen ich spürte: Applaus kann ganz schön süchtig machen.

Vom Ballett habe ich mich bald wieder verabschiedet, der Unterricht bei Gwen hat immer Spaß gemacht. Kein Mensch musste mich zwingen zu üben. Die Stücke aus dem Unterricht sang ich die ganze Zeit. Hätte ich so viel Energie in Mathe gesteckt, ich hätte wahrscheinlich den Nobelpreis bekommen.

Wenn es um Musik geht, habe ich eine sehr gute Auffassungsgabe. Ich kann mir eine Melodie merken, wenn ich sie einmal gehört habe, und bekomme sofort Lust, mit meiner Stimme zu improvisieren. Ich bin ganz bestimmt musikalisch begabt. Musik hat in unserer Familie zwar einen hohen Stellenwert, sie gilt aber als brotlose Kunst, als ein schönes Hobby, als nichts, worauf man vielleicht beruflich setzen könnte. Meine Eltern haben mir also bestimmt nicht den Floh ins Ohr gesetzt, dass aus mir eine Sängerin werden könnte. Sie haben in puncto Zukunft eine Einstellung wie wahrscheinlich die meisten Eltern: erst eine gute Schulausbildung, dann eine Berufsausbildung mit möglichst sicherer Perspektive und Musik als Freizeitbeschäftigung.

Meine Freundinnen waren es, die mich angeschoben haben: »Helly, du hast eine Hammer-Stimme. Bewirb dich bei *Deutschland sucht den Superstar*.« Dann habe ich das gemacht. Ich habe übers Internet meine Bewerbung an *DSDS* abgeschickt. Meine Freundin Denise auch. Die konnte ebenfalls ganz gut singen.

Casting in Hamburg

Es war ein Tag im Oktober 2009. Denise und ich fuhren zusammen nach Hamburg, wir sollten dort vor acht Uhr morgens in einem Hotel erscheinen. Es war noch dunkel und dadurch umso aufregender, als wir in die Bahn stiegen.

Lustig finde ich, dass meine Eltern damals völlig gleichmütig waren. Sie haben mich weder bestärkt, noch haben sie mir verboten mitzumachen. Andere Eltern hätten sich vielleicht einen Tag Urlaub genommen, hätten mit ihren Kindern Klamotten dafür ausgesucht, sie zum Casting begleitet und aufgeregt draußen gewartet.

Meine Eltern waren da locker. Ihre Einstellung war immer, dass wir möglichst viel selbständig machen sollen. Sie waren nicht einen Funken solche Helikopter-Eltern, die einen, wenn es regnet oder man spät dran ist, selbstverständlich irgendwohin fahren. Das passierte ganz selten. Da musste schon fast die Welt untergehen. Insofern waren sie bei meinem Auftritt bei *DSDS* auch sehr entspannt – es reichte ihnen, am Abend zu erfahren, wie es gelaufen war. Nicht besonders, leider.

Ich hatte meine Gitarre dabei. Zu Hause hatte ich natürlich wie eine Wahnsinnige geübt, allerdings klappte das mit dem Gitarrenspiel noch nicht so toll, denn ich nahm erst seit wenigen Monaten Unterricht. Im Nachhinein muss ich sagen: Ist ja klar, dass es dann vor einer Jury noch schlechter läuft. Ich war vielleicht etwas naiv und einfach überzeugt, dass ich singen kann und die Juroren das schon merken werden, auch wenn die Gitarrenbegleitung noch etwas stümperhaft ist.

Seit sechs Uhr morgens war ich also auf und hatte mich ausgiebig zurechtgemacht: Meine Haare waren lang und glatt, sie glänzten schön, ich trug enge Jeans, Chucks, Jeansjacke. Vor kurzem habe ich gelesen, was eine der heutigen Juroren, Fernanda Brandao, über Frauen, die bei DSDS gewinnen, gesagt hat: »Sie muss eine tolle Stimme haben und eine bunte, feurige Persönlichkeit. Sie darf auf keinen Fall langweilig sein. Und sie muss eine starke Lady sein, die mit dem Druck und den Anforderungen umgehen kann.« Heute kann ich das erfüllen. Damals noch nicht.

Zusammen mit anderen Casting-Kandidaten mussten wir ziemlich lange warten. Neben mir saß Mehrzad Marashi. Damals wusste ich nicht, dass er so heißt, heute weiß ich es, denn er wurde Sieger der siebten Staffel. Er fiel mir sofort auf, ein toller Typ mit großen Tattoos und dunklen Augen. Wir hatten es lustig, er war nämlich kein bisschen arrogant.

Hier im Vorraum konnte man hören, was die anderen sangen. Je länger ich wartete, desto nervöser wurde ich. Ich bekam richtig Angst vor meinem Auftritt. Die singen viel, viel besser, dachte ich. Mein Selbstbewusstsein rauschte in den Keller. Wie hatte ich es nur wagen können, mich bei DSDS vorzustellen? Plötzlich saß ich hier und hatte das Gefühl, dass sicher alle denken würden, ich würde nicht ganz richtig ticken – ich kann doch gar nichts, was bilde ich mir eigentlich ein! Entsprechend aufgeregt betrat ich den Raum. Ein schüchternes Mädchen, das nicht mehr im Geringsten von seinem Talent überzeugt ist.

Die Vorjury bestand aus zwei Frauen und einem Mann, keine Ahnung, wer das war, irgendwelche Menschen, die nie auf dem Fernsehschirm auftauchen, die keiner kennt und die schon mal vorsieben sollten. Heute denke ich, wie eingeschränkt man ist, wenn man immer befürchtet, die anderen könnten einen ablehnen. Das nimmt einem so viel Energie, die man besser dafür einsetzen sollte, sich zu entfalten.

Einer der Leute stellte mir einen Hocker auf die Bühne, fragte nach meinem Alter – und los ging es. Ich hatte mir ein Lied von Mario ausgesucht, *Let Me Love You*, und musste mich so sehr auf meine Gitarrenbegleitung konzentrieren, dass ich beim Singen nicht richtig in Fahrt kam. Mit den Griffen klappte bei der Aufregung gar nichts mehr.

Also sagten die Juroren nach dem ersten Vorsingen, ich solle mal die Gitarre weglassen und von meinem Hocker aufstehen, ohne Begleitung singen und ein Lied mit deutschem Text nehmen. Mir fiel das Lied *Das Beste* von Silbermond ein. So ein schöner Text, schon am Anfang:

»Du bist das Beste, was mir je passiert ist,
es tut so gut, wie du mich liebst.
Ich sag's dir viel zu selten,
es ist schön, dass es dich gibt.
Ich sag's dir viel zu selten, es ist schön, dass es dich gibt.«

Im Stehen ist das ja noch schlimmer mit der Aufregung. Wohin jetzt mit den Händen? Ich war so nervös, dass ich immer aus dem Fenster schaute statt zur Jury. Vor Aufregung vergaß ich auch noch etwas vom Text. Es war peinlich.

Trotzdem ließen mich diese drei Leute viermal vorsingen. Andere wurden gleich nach dem ersten Versuch verabschiedet. Ich merkte das schon: Sie fanden etwas an mir. Sie sagten dann auch: »Du hast eine vielversprechende Stimme, aber du bist noch etwas schüchtern.«

Sie waren also nicht unfair, und sie haben sich auch nicht über mich lustig gemacht, wie man das ja schon über solche *DSDS*-Castings gehört hat. Wir sollten dann alle wieder im Vorraum warten, bis sie ihre Entscheidung gefällt hätten. Ein Name nach dem anderen wurde schließlich vorgelesen. Ich hoffte bis zum Schluss, dass ich weiterkommen würde. Schüchtern? Na und? Mein Selbstbewusstsein war wieder da, zumal sie mich so genau gecheckt hatten. Schüchternheit kann man ja wohl abbauen, dachte ich. Aber mein Name war nicht dabei.

Ich war sehr enttäuscht. Das war es dann erstmal mit meiner Idee, ein Star zu werden. Irgendwie fand ich es später allerdings auch ziemlich erschreckend, zu sehen, wer weitergekommen war, wenn man mal von Mehrzad Marashi absieht. Eine ganze Menge wirklich schräger, komischer Typen. Die wollten eben Leute haben, über die sich das Publikum amüsiert, über die es richtig viel zu reden und auch zu lästern gibt. Insofern hatte es auch sein Gutes, nicht genommen worden zu sein.

Dennoch blieb bei aller Vernunft dieses Gefühl übrig: Du schaffst das nicht. Du kannst niemals vor großem Publikum singen. Du bist eigentlich ein kleines Licht. Alle anderen sind besser. Die Kerbe, die ich ja schon so gut kannte.

Von der Idee, Sängerin, Popstar, berühmt durch meine Stimme zu werden, verabschiedete ich mich also. Nach meinem Auftritt bei der *DSDS*-Vorjury sang ich fürs Erste nur noch bei Gwen und in unserer Schulband. Ich war die Sängerin, Florian, Fabian und Justin spielten Bass, Gitarre und Schlagzeug. Bei der Weihnachtsfeier traten wir auf, bei der Zeugnisvergabe, immer dann, wenn man eben eine musikalische Einlage haben wollte. Wir sangen Stücke wie *When September Ends* und *Let Me Love You*, die ins Ohr gehen. Ich kam gut an, durch meine Rolle in der Band war ich in der Schule etwas Besonderes.

Beruflich ging ich auf Nummer sicher. Ich begann eine Ausbildung zur Sozialpädagogischen Assistentin in Lübeck, ich dachte, das ist vernünftig. Darauf kann ich später vielleicht aufbauen. Das Abitur könnte ich irgendwann nachmachen und Kinder- und Jugendtherapeutin werden, so ungefähr das, was meine Mutter jetzt macht.

Zwei Jahre später wechselte ich nach Hamburg, um die Ausbildung zur Erzieherin anzuschließen. Der Umzug fiel mir nicht leicht. In Lübeck gab es Melly. Jene

Melly, mit der mich die Mitarbeiter der *Hamburger Morgenpost* auf der Reeperbahn erwischt und ausgefragt hatten. Sie war mir ähnlich. Melly und Helly, wie Hanni und Nanni fanden uns viele. Wir nannten jeweils den anderen in Gesprächen »meine bessere Hälfte«. Melly war auch etwas verrückt, nach außen immer lustig, innerlich zerrissen wie ich, viel Chaos im Kopf. Durch die Entfernung wurde der Kontakt weniger; wir sind solche, die sich sehen müssen, immer nur WhatsApp reicht da nicht. Melly meldet sich manchmal noch, aber selten. Unsere Leben sind jetzt so verschieden.

Die Arbeit mit Kindern mag ich sehr. Mein Praktikum begann ich in Hamburg in einer Krippe für Ein- bis Dreijährige. Wenn, dann will ich später auch mit dieser Altersgruppe arbeiten. Kleine Kinder sind so ehrlich, sie mögen einen, wie man ist, ohne Vorurteile, man muss sich nicht verstellen. Selbst wenn ich mal schlechte Laune hatte, reichte ihr Lächeln, um alle Sorgen erst einmal zu vergessen.

Nebenher sang ich. Meistens alleine. Ich war überzeugt von mir, in der Tiefe, trotz des Misserfolges bei *DSDS*. Wahrscheinlich ist es, wenn man eine gute Singstimme hat, so wie bei einem begabten Dichter. Der beobachtet etwas, und dann findet er genau die richtigen Worte dafür. Worte und Wirklichkeit passen perfekt zusammen. Oder ein Maler: Er findet die richtige Farbe, den richtigen Strich, er hält in seinem Bild ein Stück der Welt fest – und wenn man das sieht, denkt man nur: Wow! So ist das auch bei mir mit dem Singen.

Ich treffe den richtigen Ton. Ich fange etwas ein und kann es durch meine Stimme interpretieren. Es gibt Texte, die sind als solche schon berührend. Wenn dann noch Musik und Stimme dazukommen, kann einen das umhauen.

Es blieb mein Traum, auch wenn mir der jetzt kaum erreichbar erschien: vor großem Publikum zu singen. Von vielen Leuten gehört werden. Ein Lied so zu singen, dass den anderen Schauer den Rücken hinunterlaufen, sich bei ihnen die Härchen aufstellen, sie meine Lieder immer und immer wieder hören wollen.

Manchmal wundere ich mich, weil das eigentlich gar nicht zu meiner sonstigen Unsicherheit und zu meinem ständigen »Sich selbst«-In-Frage-Stellen passte, aber ich spürte es: Auf meine Stimme kann ich mich verlassen, sie steht mir zur Verfügung, sicher und klar, wie ein treuer Freund.

In meinem Kopf waren immer Melodien. Ich coverte Lieder von anderen. Wenn ich sie hörte, dann fiel mir schnell ein, was ich daraus machen könnte. Immer wieder schossen mir Worte durch den Kopf, die einen guten Song ergeben würden. Ich mochte Balladen. Balladen, die Geschichten erzählen. Lieder von Silbermond, von Rosenstolz und von Grönemeyer. Geschichten von Leuten, die selbst schon mal was durchgemacht haben. Liedtexte, bei denen ich das Gefühl hatte, etwas verstehen zu können, was ich selbst schon mal so ähnlich gespürt habe, aber niemals so treffend in Worte hätte fassen können.

Ich liebe diese Lieder, die einen packen, obwohl man

manchmal gar nicht genau begründen kann, warum. Silbermond in *Ja* zum Beispiel: »Du wärmst mich auf mit deinem Wesen / Und lässt nicht einen Zentimeter unverschont / Du flutest alle meine Decks mit Hoffnung / auf ein echtes Leben vor dem Tod.« Ist das nicht wunderbar gesagt? Oder wie Herbert Grönemeyer in *Der Weg*. Seine Frau war an Krebs erkrankt, er hatte an ihrer Seite gekämpft und gehofft, dass sie wieder gesund würde, was aber nicht geschah: »Wir haben versucht, auf der Schussfahrt zu wenden – nichts war zu spät, aber vieles zu früh.« Merkwürdig. Der Text aus diesem Lied hat mich schon angesprochen, als ich von meiner Erkrankung noch gar nichts wusste. Das war so ein tolles Beispiel für eine tiefe Liebesbeziehung.

Heute haben Lieder, die sich auf die Begrenztheit des Lebens beziehen, für mich noch eine ganz andere Bedeutung. Ich weiß, wovon die Rede ist. Es ist, als wäre eine Tür aufgegangen zu einer Dimension, mit der man normalerweise gar nichts zu tun hat. So wie Taucher das wahrscheinlich erleben: Sie sehen eine Unterwasserwelt, von der andere nichts ahnen.

Leider ist die Welt, die ich sehe, nicht so schön wie die Unterwasserwelt. Oder gibt es doch eine Parallele? Wer unter Wasser ist, dessen Bewusstsein erweitert sich – würde das Sauerstoffgerät versagen, dann müsste man sterben. Mein Bewusstsein hat sich auch erweitert, ungeheuer erweitert, seit ich diese Krankheit habe. Versagt die Therapie, muss ich sterben.

Nur: Wer taucht, hat keine Schmerzen. Wahrscheinlich auch keine Angst, weil er viel einfacher verdrängen kann, dass die Technik auch mal versagt. Ich habe Schmerzen, einen aufgeschwollenen Bauch. Ich habe auch Angst. Sosehr ich versuche, sie wegzuschieben.

Chess

Ich sitze an meinem Lieblingsplatz im Garten. Es ist Mitte Juni, die Rosen blühen so kraftvoll wie selten, die Heckenrosen duften. Ich sehe die hohen Bäume im Biotop. Hier riecht es nach Natur. Nach feuchter Erde.

Ich sitze hier, sobald die Sonne herauskommt. Neben meinem Liegestuhl steht ein Tisch, darauf lege ich mein Buch, ein Buch mit einem lila Einband, dahinein schreibe ich alles, was passiert. Was die Krankheit mit mir macht und wie es gerade aussieht mit meiner Hoffnung. Ich habe das Bedürfnis, der Welt mitzuteilen, was in einem vorgeht, wenn man plötzlich vor der Tatsache steht: Dein Leben könnte verdammt kurz sein. Ich möchte auch nicht einfach so verlöschen, ohne etwas zu hinterlassen. Ich hasse es manchmal so sehr, dass ich hier angebunden bin wie ein Kleinkind. Ich bin wie ein Vogel im Käfig, mit gestutzten Flügeln. Dabei will ich doch so gerne fliegen.

Ich versuche, mir vernünftig zuzureden: Das, was ich gerade durchmache, ist jetzt eben mein Job. Ich lebe, sage ich mir, eigentlich ein Leben wie viele andere Menschen auch. Ich habe einen festen Rhythmus. Morgens gegen 10 Uhr aufstehen und, wenn möglich, etwas essen. Die Tabletten nehmen: Tabletten gegen Schmerzen, gegen Übelkeit, Tabletten gegen Depressionen, Tabletten zur Entwässerung. Alles mögliche Naturheilkundliche noch dazu. Dann checke ich ein bisschen meine E-Mails, ich schaue, was mir Freundinnen geschickt haben, gegen 12.30 Uhr mache ich eine Meditation. Ich ruhe mich aus, sehe etwas fern, um mich abzulenken. Von meinen Eltern werde ich fast ganztägig betreut. Mein Vater hat Gleitzeit und meine Mutter arbeitet in Teilzeit. Das passt alles gut. Abends mache ich noch eine Meditation zusammen mit meinem Vater. Danach essen wir. Meine Eltern geben sich immer Mühe, mir etwas Gutes und Gesundes zu kochen. Oder zwischendurch auch einfach nur etwas, was mir gute Laune macht, wie Wiener Schnitzel. Manchmal esse ich dann nur ein paar Bissen davon. Oder ich muss sofort anschließend alles wieder ausspucken.

An manchen Tagen bin ich besser gelaunt, an anderen bin ich wahnsinnig schlecht drauf. Manchmal kann ich mich gut auf die Meditation konzentrieren, manchmal schweifen meine Gedanken ab, ich kann mich gar nicht darauf einlassen.

Ich beruhige mich dann so: Es ist doch im Grunde genauso wie bei anderen Menschen auch. Für die ist auch nicht jeder Tag wie der andere. Die haben auch immer wieder neue Hürden vor sich. Manchmal finden sie die Aufgaben, die sie haben, furchtbar anstrengend. Manchmal läuft alles ganz gut.

Meine Aufgabe besteht darin: warten, warten, warten. Mich irgendwie motivieren und bei Laune halten. Fest daran glauben, dass es in mir Kräfte gibt, die das Kommando übernehmen können. Bloß mich nicht ins Negative hineinsteigern, das fordere ich von mir. Dabei ist alles, ehrlich gesagt, so schlimm, dass mir bei dem Gedanken daran schwindelig werden könnte.

Ich schaue den Weg entlang, den mein Vater angelegt hat wie ein schönes Mosaik, rote Steine, die von grauen Steinen umrahmt werden, eine sehr präzise Arbeit. Der Weg führt zu einem Teich mit einer Brücke. Ich denke daran, dass Chess, mein Hund, den ich so sehr geliebt habe, dort oft seine Schnauze zwischen die Holzlatten gepresst hat und zu den Fischen hinuntersah. Es macht mich traurig, wenn ich daran denke.

Chess hatte Leukämie. Er war acht Jahre alt, als er plötzlich immer schwächer wurde. Das war einige Monate bevor es mir selbst immer schlechter ging. Der Tierarzt sagte uns, wir sollten ihm weitere Therapien ersparen. Das war ein Schock für unsere Familie – so hart und endgültig. Wir mussten ihn einschläfern lassen.

Ich weiß noch genau, wie das war. Meine Mutter hat ein Festessen gekocht, Gulasch, Kartoffeln und Gemüse, weil Chess diesen Geruch so mochte. Für mich war es nicht wirklich der richtige Zeitpunkt für ein Festessen, aber ich wusste, sie tat es für Chess. Er war immer gern beim Kochen dabei und freute sich, wenn wir alle zusammen waren. Er sollte sich gerade an diesem Abend geliebt und geborgen fühlen.

Dann sind wir mit ihm in die Praxis gefahren. Der

Tierarzt hatte uns nach Feierabend einbestellt, damit alles in Ruhe ablaufen konnte. Meine Eltern, Simon und ich waren dabei, als Chess eingeschläfert wurde. Als es vorbei war, haben wir den toten Hund in eine Decke gewickelt, ihn ganz vorsichtig in den Kofferraum unseres Autos gelegt und in unserem Garten begraben. Dort steht jetzt ein Kreuz.

Es war ein furchtbar trauriger Tag. Mich hat das extrem mitgenommen. Ich hatte nie diese eine, allerbeste Freundin. Chess war für mich mein bester Freund, nein, er war mein »kleiner Bruder«. Nach seinem Tod bin ich in Zustände geraten, die ich heute als Depressionen beschreiben würde. Ich hatte keine Lust, etwas zu unternehmen, ich konnte nicht schlafen, ich habe das Leben als sinnlos und unerträglich empfunden. Der Tod meines Hundes war einer der schlimmsten Momente in meinem Leben.

Es stürzt mich jetzt, wo ich das schreibe, in einen Konflikt, dem ich ständig ausgesetzt bin: Darf ich solchen schweren Gedanken nachgeben? Meiner Sehnsucht nach Chess und meiner Trauer um ihn? Meiner Wut, dass man ein Tier oder einen Menschen verlieren muss, den man liebt? Darf ich, jetzt zum Beispiel, auch mal mutlos, verzweifelt, voller Fragen und Anklagen sein? Darf ich mir meine abgrundtiefe Verzweiflung erlauben und herausbrüllen: »Mein Gott, warum lässt du mich im Stich?« Oder tut sich dann ein riesiges schwarzes Loch auf, in das ich hineinrutsche und aus dem ich nicht mehr hinauskomme?

Positiv sein! Optimistisch sein! Das sind meine Mantras. Das ist gut fürs Immunsystem. Das sagt mein Vater, das sehe ich auch ein. Negativ denken schwächt.

Als Chess sterben musste, habe ich zum ersten Mal in meinem Leben begriffen, dass es Situationen gibt, in denen man die Hoffnung aufgeben muss, dass alles wieder gut wird. Oder man muss wirklich in anderen Dimensionen denken. Alles wird gut: Das würde dann heißen, das Leben und das Sterben, das Glück und die ganze verdammte Quälerei, alles hat seinen Sinn, einen übergeordneten Sinn, den wir Menschen nur noch nicht begreifen.

Chess fehlt mir so sehr.

Die Krankheit

Mir kam es fast so vor, als wäre das, was dann kam, irgendwie die Fortsetzung von der Geschichte mit Chess. Die ersten merkwürdigen Symptome traten im Sommer auf, bevor ich neunzehn wurde. Es fing an mit Übelkeit, Bauchschmerzen, Aufstoßen und einem Gefühl von enormer Schwäche und Schlappheit. Ich hatte zu nichts mehr Lust. Nach der Schule bin ich sofort nach Hause gegangen, wollte mich nur noch ausruhen, mehr ging nicht. Als ich eines Tages mit der Bahn fuhr, bekam ich von einer Sekunde auf die andere sehr starke Schmerzen in der Rippengegend. Die hielten ungefähr eine Stunde an und verschwanden wieder.

Diese Schmerzen, die mir die Luft zum Atmen nahmen, kehrten immer wieder zurück. Dazu kamen bohrende Magenschmerzen. Ich musste ganz tief Luft holen und hatte trotzdem das Gefühl, nicht genug Luft zu bekommen. Was war nur mit mir los? Ich versuchte, mir einzureden, dass es am Wetter liegen oder dass meine Hormone verrücktspielen würden. Außerdem habe ich verschiedene Ärzte aufgesucht.

Heute glaube ich: Von der Tatsache, dass ich immer

ganz frisch aussah und eigentlich ja auch kein Jammertyp bin, haben sich die Ärzte lange täuschen lassen. Mein Hausarzt wollte erst nicht mal ein Blutbild machen. Aber mein Vater bestand darauf. Theresa hatte auch mal Eisenmangel, und es war ihr deshalb sehr schlecht gegangen. Tatsächlich kam auch bei mir so ein Eisenmangel heraus. Der Hämoglobinwert lag bei 8,4 Gramm pro Deziliter, zwischen 12 und 15,4 sollte er liegen. Alle anderen Werte waren in Ordnung. Ich bekam Tabletten verschrieben. Es ging mir bald deutlich besser. Ich dachte, alles ist wieder gut.

Aber die Beschwerden tauchten wieder auf. Neue Symptome kamen dazu. Durchfall oder Verstopfung, starkes Schwitzen, meine Haut juckte und schuppte, die linke Brust schmerzte, der ganze Bauchraum fühlte sich hohl an. Ich suchte eine Internistin auf. Sie veranlasste eine Magenspiegelung. Das Ergebnis: nichts Schlimmes, nur eine leichte Entzündung der Magenschleimhaut, eine Gastritis. Ich bekam Panthoprazol verschrieben, ein Mittel, das gegen Sodbrennen eingesetzt wird. Der Durchfall und die Brustschmerzen verschwanden. Sie waren offenbar durch die Magensäure verursacht worden. Doch es ging mir nicht wirklich besser.

Morgens musste ich mit Übelkeit kämpfen, ich fühlte mich ständig schlapp. Und es gab auch wieder neue Probleme. Nach dem Essen verspürte ich jetzt immer ein so starkes Druckgefühl im Oberbauch, dass ich nicht mehr gerade stehen konnte. Dann ein unangenehmes Völlegefühl. Wieder versuchte ich mich zu beruhigen. Dieses Mal redete ich mir ein, dass das alles an der leichten Gastritis liegen und dass es bestimmt wieder besser werden würde.

Als Nächstes kamen ein schmerzhaftes Bohren zwischen Bauch und Rücken und ein brennendes Gefühl hinter dem Brustbein und Brustkorb. Außerdem schien mir irgendwas die Speiseröhre hinaufzukriechen.

Ich machte einen neuen Termin bei der Internistin, die die Magenspiegelung angeordnet hatte. Die wusste auch nicht weiter. Sie war kurz angebunden und fertigte mich in strengem Ton damit ab, dass wir doch schon eine Magenspiegelung gemacht hätten, die nichts Auffälliges ergeben habe. Die nächste könne sie erst in einem Jahr veranlassen. Sie verschrieb mir noch mal Tabletten gegen Sodbrennen.

Dass sie mir nicht helfen konnte, machte mich traurig und frustriert. Ich fühlte mich lästig und hatte das Gefühl, als hysterisch abgestempelt zu werden. Dabei wusste ich genau, dass da etwas war. Nur was?

Heute könnte ich die Hand dafür ins Feuer legen, dass das, was ich spürte, Krebs bedeutet. Dass es ein bestimmtes Schlechtfühlen gibt, das typisch ist, wenn Tumore in einem wuchern. Ich kann es nicht genau erklären. Man spürt, dass sich etwas ausbreitet, sich in alle Bereiche schleicht und dort einnistet; etwas, das nicht vorübergehend ist. Da können die Ärzte einem sonst was erzählen – man spürt es.

Die Sommerferien 2014 waren gar nicht schön. Es kamen immer wieder neue Beschwerden dazu. Plötzlich sah ich nur noch verschwommen. Also ließ ich meine Augen überprüfen, da war aber alles okay: »Du brauchst keine Brille«, sagte der Augenarzt.

An einem anderen Morgen hatte ich dann höllisch starke Flankenschmerzen. Ich konnte kaum noch stehen. Mit diesem Problem wandte ich mich an einen Orthopäden. Seine Aussage war, das komme von der Wirbelsäule. Ich solle Übungen für den Rücken machen. Na gut, habe ich gedacht, damit kann ich leben. Sport, Gymnastik, dann geht das wieder.

Zwei Wochen später verspürte ich reißende Schmerzen im unteren Rücken, auch dann, wenn ich nur ruhig dasaß oder im Bett lag. Heute weiß ich, dass solche brutalen Schmerzen, die bewegungsunabhängig auftreten, ein dringendes Warnsignal sind. Ich ging wieder zum Orthopäden, der das leider anscheinend nicht wusste. Er renkte mich ein und sagte: »So, jetzt geht's wieder.« Mit einem Rezept für Krankengymnastik und Einlagen für die Schuhe verließ ich seine Praxis. Zu diesem Zeitpunkt schluckte ich bereits zwei oder drei Schmerztabletten am Tag. Ich konnte die Rückenschmerzen anders nicht mehr aushalten.

Ich holte mir einen Termin bei einem anderen Orthopäden. Der verpasste mir eine Cortisonspritze in den Rücken und sagte, ich solle beim Urologen meine Nieren abklären lassen. Das habe ich gemacht. Die Nieren waren super. Die Krankengymnastin war ziemlich ratlos. Ich ging trotzdem regelmäßig hin.

Meine Schmerzen wurden immer schlimmer. Mit Tabletten und einem warmen Kissen, das mit Kirschkernen gefüllt ist, versuchte ich über die Runden zu kommen. Ich wurde richtig süchtig nach diesem Kissen. Das ist auch heute noch so. Nachts pilgere ich so häufig zur Mikrowelle, wie andere Leute zum Kühlschrank schleichen und sich Schokolade oder Schnaps rausholen. Ich heize das Kissen auf, schiebe es mir dann unter den Rücken. Das hilft ein bisschen, es ist zumindest ein kurzfristiger Trost. Wir haben damals eine teure, richtig gute Matratze gekauft, weil ich so schlecht schlief. Das alles nutzte gar nichts. Es ging mir nur immer schlechter.

Ich gab mir große Mühe, mich damit abzufinden, dass ich mich so fühlte. Und ich redete mir weiterhin ein, dass das schon wieder vergehen würde. Ich nahm in dieser Zeit die Pille – vielleicht liegt es daran, habe ich mir gesagt. Was dazu zu passen schien, waren die Schweißausbrüche, die ich nachts hatte. Sie waren so stark, dass mein Nachthemd und mein Laken nass waren, als hätte ich draußen im Regen übernachtet.

Ich erlegte mir auf, damit leben zu lernen, vorübergehend mit minimaler Kraft unterwegs zu sein, mit Gegenwind oder so, wie ein Auto mit angezogener Handbremse. Es ist aber schwer, sich mit etwas abzufinden, das das Lebensgefühl komplett beherrscht. Ich versuchte, mich abzulenken. Mir einzureden, dass da nichts ist, dass alle diese Symptome wieder vergehen würden. Schließlich haben die Ärzte ja nichts gefunden.

Aus heutiger Sicht bin ich einfach nur entsetzt, dass sich so lange keiner wirklich für mich und mein Leiden interessiert hat. Immer nur schnell, schnell irgendeine Diagnose, irgendeine Beschwichtigung – und raus. So sind die meisten Ärzte mit mir umgegangen. Ich war so alleine mit meinen Schmerzen und meiner Angst hilflos ausgeliefert. Was würden diese Menschen sagen, wenn ihre eigenen Töchter solche Schmerzen hätten und die sogenannten Experten sie so behandeln würden? Das sollten sie sich mal fragen. Es fiel mir immer schwerer, lange zu stehen, vor allem gerade zu stehen. Ich habe mich so schwach gefühlt.

Fast wäre ich in der Psychogruppe gelandet

Auch meine Familie und meine Freunde waren hilflos. Einige empfahlen mir, eine Therapie zu machen, weil mein Leid vielleicht psychisch bedingt sei. Ich hatte selbst schon mit dem Gedanken gespielt, weil ich wusste, dass mir meine Psyche oft im Weg stand.

Meine Schwester begleitete mich zu einem Therapeuten, der gerade eine Studie machen wollte. Er suchte Menschen, die ständig irgendwelche Beschwerden haben, für die die Ärzte keine Erklärung finden. Diese Leute sollten sich regelmäßig in einer Gruppe treffen. Da ich so viele Symptome auf einmal hatte, und die alle ja offensichtlich ohne echten Grund, war ich die perfekte Kandidatin für seine Studie. Theoretisch jedenfalls. Der Gedanke daran macht mich heute fast wahnsinnig: Um ein Haar hätte ein Psychiater zu erforschen versucht, warum ich mir all diese Sachen einbilde – in Wirklichkeit hatte ich Krebs. Bevor die Studie begann, hatte ich dann aber endlich die Diagnose. Von Einbildung konnte keine Rede mehr sein.

Bis dahin haben alle ständig versucht, mich zu beruhigen. Sie gaben mir das Gefühl, dass ich übertreibe. Wahrscheinlich dachten sie, damit würden sie mir helfen. Es half mir allerdings nichts, denn ich wusste ganz genau, dass etwas mit meinem Körper nicht stimmte. Ich wurde immer wütender auf meine Familie. Oft war ich so aufgebracht, dass ich sie anschrie: »Ich merke doch, dass etwas nicht mit mir stimmt. Ich fühle mich anders und komisch, und ich merke, dass ich etwas habe, was einfach noch keiner gefunden hat.«

Heute bin ich überzeugt davon: Man sollte sich auf sein Gefühl verlassen und es sich von niemandem ausreden lassen. Und man sollte entschlossen nach Hilfe suchen – aber nur bei Leuten, die einen ernst nehmen, die eine Ahnung von Zusammenhängen haben und nicht irgendwas wegreden, was tatsächlich da ist, nur weil es ihren eigenen Horizont sprengt. Heute nehmen mich alle sehr ernst. Niemand würde es wagen, mich wie eine Simulantin hinzustellen. Aber dafür musste erst mal Krebs auf dem Papier stehen. Jetzt weiß natürlich auch jeder Idiot, dass es um Leben und Tod geht.

Die Schockdiagnose

Gerade wollte ich zur Arbeit gehen, da ertastete ich am linken Schlüsselbein einen Knubbel, groß wie eine Bohne. Nein, nein, nein; nicht das auch noch ... Und wieder geriet ich ins neu eingeübte Denkmuster: Ich versuchte schnell, eine Erklärung zu finden. Der Knubbel könnte ja von einem Infekt kommen, sagte ich mir. Ich glaube, das Gehirn funktioniert einfach so: Wenn alles harmlos ist, steigert man sich rein. Und wenn es dann wirklich bedrohlich ist und man das eigentlich auch weiß, dann dreht das Gehirn alles in diese Richtung: Nicht so schlimm. Ist bestimmt was Harmloses.

So bin ich also zur Arbeit in die Kinderkrippe gefahren, in der ich gerade mein Praktikum machte. Es sollte vorerst mein letzter Arbeitstag sein, ich musste die Ausbildung wenig später abbrechen. Einer Kollegin habe ich dann die auffällige Stelle gezeigt. Zwischenzeitlich war rund um den Schlüsselbeinknochen schon alles stark geschwollen. Sie war sehr besorgt und sagte, ich solle das unbedingt abklären lassen. Ich hatte am selben Tag sowieso einen Termin bei meiner Krankengymnastin, die mich wegen meiner Rückenschmerzen behandelte. Heute kommt mir das genauso absurd vor wie die Idee mit der Psychogruppe: Ich mache brav Rückengymnastik, und in Wirklichkeit ist überall schon der Krebs.

Die Krankengymnastin war sofort höchst alarmiert. Sie sagte, ich solle sofort einen Arzt aufsuchen. Und das war die beste Entscheidung, die ich nur hatte treffen können. Mein Hausarzt nahm sich diesmal richtig viel Zeit. Es war ihm egal, dass sein Wartezimmer voll war. Ich bin heute noch so dankbar dafür. Endlich, endlich wurde ich wirklich ernstgenommen.

Er machte einen Ultraschall und stellte fest, dass auch im Bauchraum viele Lymphe angeschwollen waren. Das könne von einer einfachen Entzündung bis hin zu Krebs fast alles sein, war seine Einschätzung. Er nahm Blut ab, sagte, dass er mir Bescheid geben würde.

Nach drei Tagen ging ich mit zitternden Knien in seine Praxis. Ich hatte große Angst. Meine Eltern waren in den Urlaub gefahren, ich war in diesem Moment ganz alleine. Der Arzt wirkte so bedrückt, dass ich nichts Gutes ahnte. Er sagte: »Es sieht nach einem Lymphom aus. Krebs.« Dafür sprächen die bewegungsunabhängigen Schmerzen, der starke Nachtschweiß und der Gewichtsverlust von fünf Kilo in zwei Wochen. Er vereinbarte für mich einen Termin im Krankenhaus. Völlig aufgelöst rief ich meine Eltern an. Sie sagten, sie würden auf der Stelle nach Hause kommen und mit mir am nächsten Tag ins Krankenhaus fahren.

Trotz dieser schlechten Nachrichten war ich froh: Endlich gab es jetzt eine Erklärung für meine schlechte Verfassung. Ich dachte: Dann mache ich eben Chemo und Bestrahlung. Das wird nicht leicht sein. Aber danach kann ich endlich, endlich wieder so sein wie früher.

Meine Eltern beruhigten mich, als sie wieder zu Hause waren. Lymphkrebs sei sehr gut heilbar. Im

Internet las ich: Lymphome treffen vor allem junge Menschen. Achtzig Prozent sind anschließend wieder komplett gesund. Dass ein Fünftel, also jeder Fünfte, demnach anschließend nicht komplett gesund ist, sondern vielleicht stirbt, habe ich in diesem Moment nicht an mich herangelassen.

Statistiken sind mit großer Vorsicht zu genießen, das wird einem im Laufe einer solchen Krankheit klar. Man sollte sich bloß nicht zu genau damit beschäftigen. Was heißt das schon für einen persönlich, wenn soundso viele überleben und soundso viele nicht? Wenn einem einer eine Pistole an die Schläfe hält und schießt, dann ist man danach tot. Das ist klar. Fast klar jedenfalls. Aber wenn man eine statistische Überlebenschance von xy Prozent hat? Dann weiß man eigentlich gar nichts.

Im Krankenhaus hatten wir zunächst ein Gespräch mit der Assistenzärztin der Onkologischen Abteilung. Sie ging auch fest davon aus, dass es sich um ein Lymphom handeln würde. Sie sagte, die Symptome und mein Alter passten genau dazu.

Monate später hat mir mein Vater erzählt, dass er schon damals im Internet alles zum Thema gelesen habe und fand, dass meine Magenprobleme und auch der Eisenmangel gar nicht zu einem Lymphom passten. Er hatte schon da die Sorge, dass es etwas Schlimmeres sein könnte, schob den Gedanken aber dennoch ganz schnell wieder beiseite.

Eine Woche später war der Biopsietermin. Eine Gewebeprobe sollte das Lymphom bestätigen. Ich war zuversichtlich, ließ alles über mich ergehen und wollte nur, dass es bald vorbei ist.

Was ist wirklich wichtig?

Seit mir meine Gesundheit entglitten ist, kommt mir vieles von dem, was mir vorher so wahnsinnig wichtig erschien, ziemlich unbedeutend vor. Ich würde mir wünschen, ich hätte das früher schon mehr begriffen und sehr viel besser auf meine Bedürfnisse geachtet. Ich war so krass auf mein Image fixiert, dass ich richtige Ängste entwickelt habe, meinen Ansprüchen nicht genügen zu können. Dieses ständige Nach-außen-gerichtet-Sein. Immer die große Show geben, den Riesenspaß haben. Immer so tun, als wäre alles easy, als wäre alles cool. Das Alkoholtrinken, um sich hochzupushen, aber auch um sich zu beruhigen und locker zu machen. Das hat mich eigentlich längst überfordert. Schon bevor ich diese Symptome hatte. Vielleicht gab es auch einen Zusammenhang. Wenn wir in der Clique Alkohol getrunken haben, dann habe ich mich am nächsten Tag sehr schlecht gefühlt.

Kann sein, dass sich damals schon etwas in meinem Magen anbahnte, in dem der Krebs ja seinen Anfang nahm. Vielleicht hatte es damit aber auch gar nichts zu tun. Jedenfalls habe ich nach einer Nacht mit viel Alkohol oft einen, manchmal auch zwei Tage gebraucht, um mich wieder einigermaßen fit zu fühlen. So ist das doch erst, wenn man über vierzig ist, habe ich mir gedacht. Meine Freundinnen vertrugen solche Nächte besser.

Außerdem spannte oft mein Bauch, wenn ich Stress hatte. Und Stress hatte ich irgendwann immer. Sogar wenn ich beim Bezahlen an der Kasse stand, kam ich ins Schwitzen, und mir war irgendwie schlecht. Oder wenn ich an der Schule für Erzieherinnen, wo ich die Ausbildung machte, ein Referat hielt oder auch nur etwas sagte – sofort zog sich mein Bauch zusammen, es drückte, ich konnte nicht mehr frei atmen, ich konnte gar nichts mehr sagen.

Das ganze Leben begann mich zu überfordern. Dieser Druck, toll zu sein, herausragend, keine Schwäche zu zeigen, saß ganz tief in mir drin. Ich habe schon mit sechzehn über eine Nasen- und eine Kinnkorrektur nachgedacht. Das muss man sich mal vorstellen. Ich war besessen von dem Gedanken, perfekt sein zu müssen, um in dieser Welt mithalten zu können. Äußerlich perfekt.

Wenn du äußerlich perfekt bist, kannst du innerlich unsicher sein, ein Wrack sein. Dann sieht dir das wenigstens keiner an, so habe ich gedacht. Und ich war nie zufrieden mit meinem Äußeren. Obwohl ich wirklich gut aussah. Meine Freundinnen sagten zu mir: »Bist du verrückt, über Operationen nachzudenken? Du siehst mega aus. Du hast alles!« Aber ich wollte das, es war eingeplant. Ich habe mich schon nach Kliniken umgesehen. Ich habe darauf gespart. Wie absurd, finde ich heute. Ich hatte doch alles. Worüber habe ich mir damals nur den Kopf zerbrochen!

Heute fühle ich mich oft so, als hätte mich jemand in einer Raumfahrtkapsel auf die Erdumlaufbahn geschossen und als könnte ich aus diesem Abstand betrachten, was die Menschen so treiben. Es ist verrückt, sie denken immer nur an ihre Makel und sind verzweifelt darüber, verschenken die Tage mit ihrer ganzen, großen Schönheit, weil sie nicht mit sich selbst zufrieden sind.

Für mich ist die größte Schönheit heute, keine Schmerzen zu haben, kein Wasser im Bauch, keinen Ausschlag, der sich plötzlich ausbreitet, keine lähmende Müdigkeit, die von Tabletten kommt, kein Warten mehr, kein Warten, Warten, Warten auf bessere Zeiten.

Nach der Biopsie kam die Assistenzärztin in mein Zimmer. Sie sah sehr besorgt aus. Sie sagte, dass im Lymphknoten Tumorzellen vom Magen gefunden worden seien, sogenannte Siegelringzellen, und meinte, es bestehe die Möglichkeit, dass ich Magenkrebs habe. Ich musste weinen. Von einer Sekunde auf die andere war es anscheinend doch eine andere Diagnose. Aber es war gleichzeitig alles so irreal.

Am nächsten Morgen wurde eine Magenspiegelung vorgenommen. Obwohl noch kein Jahr nach der letzten vergangen war, ging das jetzt natürlich doch! Als ich aus der Narkose aufwachte, hörte ich einen Arzt sagen: »Ja, das sieht sehr auffällig aus.« Aber die Bedeutung seiner Worte kam nicht bei mir an, ich ließ sie an mir vorbeiziehen. Ich war einfach nicht mehr fähig zu denken. Irgendwann ist alles zu viel. Dann schaltet der Körper auf einen Selbstschutzmechanismus um, er kapiert nichts mehr.

Meine Mutter und mein Bruder Johannes hatten mich zur Untersuchung begleitet. Als ich ins Zimmer zurückgeschoben wurde, war ich noch etwas matt von der Narkose. Wir waren guter Dinge, denn es schien doch alles auf ein vergleichsweise harmloses Lymphom hinzudeuten. Der Stationsarzt hatte nämlich im Vorbeigehen auf dem Flur zu meiner Mutter gesagt, dass es ganz nach Lymphdrüsenkrebs aussehe. Für mich war damit klar, dass ich diese Krankheit bewältigen könnte.

Meine Mutter hatte sofort meinen Vater angerufen und ihm das erzählt. Er war gerade dabei, mein Zimmer zu renovieren. Er strich die Wände, er baute mir ein neues Regal und montierte einen neuen Rollladen, damit ich mich wohl fühlen würde, wenn ich zurückkam. Später erzählte er mir, dass er über diese Nachricht so unendlich erleichtert gewesen sei, obwohl es in ihm doch immer noch eine Stimme gegeben habe, die sagte: Da passt was nicht zusammen.

Wir warteten nur noch auf das Gespräch mit einem Arzt und waren innerlich schon raus aus dem Krankenhaus.

Die Szene, die folgte, hat sich in ihrer Kälte und Grausamkeit in mein Hirn gebrannt. Sie kommt mir vor wie eine Filmszene – hart geschnitten, kaltes Licht, schwarzweiß. Immer wieder sehe ich sie vor mir. Es schüttelt mich.

Meine Mutter sagt: »So etwas ist ein Trauma.«

Bevor die Assistenzärztin wieder zu mir ins Zimmer kam, hatte sie sich einen Stuhl aus dem Schwesternzimmer geholt. Sie stellte ihn direkt vor meinem Bett ab und zog ihn ganz nah zu mir heran. Sie setzte sich schweigend. Mir wurde ganz übel vor Angst.

Sie sagte mir, dass es nun eindeutig sei, auch wegen der Gewebeprobe aus dem Magen: »Es ist Magenkrebs, der schon in die Lymphknoten gestreut hat.«

Ich wusste nicht, wohin mit meinen Gefühlen. Ich konnte nichts mehr denken. Ich bin in ein tiefes Loch gefallen. Sofort. Wie in einen Schacht bin ich gerauscht. Als ob das nicht schon reichen würde, sagte die Ärztin noch ganz nüchtern: »Es gibt keine Chance auf Heilung.«

Ich konnte nichts mehr denken. Ich spürte, wie ich tiefer unter meine Bettdecke rutschte. Hatte sie wirklich gesagt: keine Chance auf Heilung? Mir schossen Gedanken durch den Kopf. Kreuz und quer. Ich war panisch. Es war wie das Attentat eines Irren im Kopf.

Dass ich doch eine Familie haben wollte, dachte ich, und Kinder. Dass ich doch leben wollte! Dass sie vielleicht etwas verwechselt hätten? Träumte ich? War das ein Alptraum? Muss ich sterben? Sterben? Ich, Helena, zwanzig Jahre alt?

Es war so real. Und trotzdem vollkommen unglaubwürdig. Als würde einen das gar nicht selbst betreffen.

Schreckliches Schweigen

Es war ganz still im Raum. In den Gesichtern von meiner Mutter und von Johannes sah ich Angst und Schock. Ich konnte dann niemanden mehr angucken, und die Ärztin schon gar nicht, die das gesagt hatte. Es war der schlimmste Moment in meinem Leben.

Bei der Diagnose Lymphom habe ich nicht geweint. Bei der Mitteilung Magenkrebs, unheilbar, brach alles zusammen. All meine Disziplin, die ich mir seit Monaten mit allergrößter Mühe abverlangt hatte, brach in sich zusammen.

Die Ärztin ging ohne weitere Worte schon langsam aus dem Zimmer, da lief ihr meine Mutter hinterher und fragte: »Was meinen Sie mit unheilbar?« Sie fragte das dreimal. Immer stellte sie die gleiche Frage. Die Ärztin sagte nichts. Sie wollte nur weg.

Dann kam noch eine Gruppe Ärzte vorbei, ich habe sie gar nicht angeschaut. Diese Ärzte haben auch nichts erklärt, sie haben nur gesagt, dass wir in ein paar Tagen ins Krankenhaus kommen sollten, um die Chemotherapie zu besprechen. Sie würden uns anrufen.

Ich dachte in diesem Moment nur, warum soll ich eine Chemotherapie machen, wenn der Krebs unheilbar ist? Und dann sind sie wieder gegangen und haben gemurmelt: »Alles Gute.«

Ich konnte mich nicht bewegen. In meinen Ohren dröhnte es. Alles Gute. Ich habe nicht mal geantwortet. Ich konnte nicht weinen. Es war so ein Moment, in dem ich ganz starr war. Was soll man auch antworten, wenn einem gerade gesagt wird, man würde sterben. Und dann wird einem alles Gute gewünscht. Meinten sie: Alles Gute für diesen Abend? Für das Wochenende? Oder beim Sichklarmachen, dass man sterben wird? Was sind das für Menschen?

Natürlich sehen Ärzte jeden Tag Patienten, die schwer krank sind. Aber das darf doch nicht heißen, dass man vergisst, was das für jeden Einzelnen bedeutet. Sie hätten uns auffangen müssen, wenigstens vorbereiten müssen auf das, was kommt. Sie hätten uns Hoffnung geben müssen. Oder zumindest fragen müssen, wie wir jetzt nach Hause kommen. Wir standen alle unter Schock. Aber niemand hat sich weiter um uns gekümmert.

Als die Ärzte draußen waren, redete keiner von uns. Mein Bruder brach in Tränen aus. Ich wollte das nicht sehen. Für mich ist es heute noch so: Wenn jemand weint, dann denke ich: Hör auf! Denn wenn du weinst, dann heißt das doch, dass ich sterbe!

Wir packten die Sachen zusammen, wie ferngesteuert, und gingen aus dem Zimmer. Meine Mutter sprach noch einen anderen Arzt an. Sie sagte zu ihm: »Sie können uns doch nicht so stehen lassen.«

Der antwortete dann nur ziemlich hilflos: »So wie meine Kollegin würde ich das nicht ausdrücken.«

Wir haben weiterhin geschwiegen. Dann sind wir mit dem Aufzug runtergefahren und zum Auto gegangen.

Wie übersteht man so eine Situation? Wie kann man als Familie so etwas verkraften? Oder wie kann man als junger Mensch so etwas durchstehen? Mit zwanzig Jahren?

Man funktioniert irgendwie. Das ist die Antwort. Man fühlt sich vollkommen abgetrennt von allem.

Mein Bruder weinte richtig stark. Er musste dann weiter, nach Hannover, wo er studiert. Ich sah ihn zur Bahn gehen, meinen großen, unfassbar souveränen Bruder. Die Schultern gebeugt, sein Gang schwer. Welche Bilder muss er in seinem Kopf gehabt haben?

Ich schaute während der Fahrt nach Hause aus dem Autofenster. Ich konnte nicht weinen. Ich fühlte nichts. Ich sah die Menschen herumlaufen, an den Ampeln warten, mit ihren Hunden spazieren gehen. Ich gehörte nicht mehr dazu.

Ist so etwas schon die erste Nahtoderfahrung? Man sieht alles und denkt: Das geht mich nichts mehr an. Nie heiraten. Nie Kinder. Vorbei. Einfach so. Du hast jetzt nicht mehr lange zu leben, bald wirst du einfach weg sein, als hätte es dich nie gegeben. Man fühlt sich sehr ruhig dabei. Alles steht still. Man fühlt keine Traurigkeit. Man ist ein Beobachter, es berührt einen alles gar nicht.

Meine Mutter sagt, sie weiß nicht, wie sie es geschafft hat, uns nach Hause zu fahren. Sie wundert sich, dass sie keinen Unfall gebaut hat. Ich weiß noch, dass sie sagte: »Das glauben wir erst mal nicht.« Dann schwiegen wir. Sie fuhr mit starrem Gesicht. Sie sagt, es war wie in Trance.

Sie hat mal erzählt, dass sie sich das schon als Kind angewöhnt hat: Wenn es schwierig wird, richtig katastrophal schwierig, dann funktioniert sie. Sie blendet alles aus und fühlt sich so stark wie eine Löwin, fest verbunden mit ihrer tiefen inneren Kraft. Fast schon so, als würde ihr das Schreckliche, das gerade passiert, gar nicht nahegehen.

Zu Hause empfing uns mein Vater. Er war blass. Ich sah sofort, dass er geweint hatte. Meine Mutter hatte ihn schon angerufen. Er nahm mich in die Arme und sagte zur Begrüßung diesen krassen Satz zu mir: »Helena, dann machen wir uns das jetzt eben noch schön.«

Ich bin so erschrocken und habe ihm entgegnet: »Papa, wie meinst du das? Denkst du jetzt auch, dass ich sterbe?«

Er sagte dann sofort: »Nein, nein. Quatsch. Das meine ich auf keinen Fall.«

Mein Vater hat eine wahnsinnig rationale Seite. Er ist ja Mathematiker. Es ist eigentlich nur sehr rational, was er damals vor einem Jahr gesagt hat. Er hatte sich bis dahin ja auch noch nicht damit beschäftigt, dass es vielleicht doch einen Ausweg geben würde.

Ich war es, die irgendwann in die große Trübsal hinein sagte: »Papa! Was sagst du da? Ich warte hier doch nicht auf den Tod! Ich will leben. Das schaff ich!«

Wir saßen lange zusammen. Immer mehr näherten wir uns der Idee an, dass ich diesen Krebs durchaus besiegen könnte.

Mein Vater sah später im Internet nach. Er stellte fest, dass ich eigentlich gar keinen Magenkrebs hätte bekommen dürfen. Diese Krankheit ist im Westen auf dem Rückmarsch. Die etwa 15 000 Menschen, die jedes Jahr neu erkranken, sind im Durchschnitt um die siebzig Jahre alt und überwiegend männlich. Ich bin also eine absolute Ausnahmeerscheinung.

Ich passe nicht in die Statistik. Wieso sollte ich dann nicht überleben? Die Statistiken, die davon ausgehen, dass Magenkrebs mit Metastasen nicht heilbar ist, bilden doch keine Einzelfälle ab.

Wenn ich schon bei der Erkrankung ein solcher Ausnahmefall bin, dann könnte es doch auch gut sein, dass bei mir in Sachen Heilung etwas passiert, womit keiner der Ärzte rechnet, oder? Mein Körper ist stärker als der von älteren Menschen. Ich habe keine zusätzlichen Erkrankungen wie Arterienverkalkung, Diabetes oder irgendetwas anderes. Mein Immunsystem kann sich also voll und ganz darauf konzentrieren, die Krebszellen zu killen.

Ich wollte alles dafür tun. Ich spürte in mir eine immense Sicherheit, dass das funktionieren würde. Es gab so ein Grundgefühl. Es war wie eine schöne Melodie, die alles, auch die schlimmen und angstvollen Gedanken, sogar die Schmerzen untermalte: Eigentlich, in der Tiefe, bin ich kerngesund. Der Krebs ist wie angeheftet. Den bekomme ich wieder los.

Helenas Familie

Als Prinzessin

Mit Schwester Theresa (rechts)

Helena, sechs Jahre alt

Mit Chess

Ein Ausflug mit den Eltern und Chess

In ihrem Zimmer

Zu Hause beim Nähen

Im Garten mit Ylvie

Mit ihrer Mutter in Berlin, Juli 2015

Im Musikkeller zu Hause

Im Studio von Sarah Connor

Mit Sarah Connor

Das Mädchen mit den langen Haaren

In der folgenden Nacht hatte ich einen Traum. Ich träumte, dass ich über einen Flohmarkt schlenderte. Dort sah ich ein sehr hübsches Mädchen mit langen Haaren und ganz süßem Lächeln. Das Mädchen spielte mit einem anderen kleinen Mädchen. Es brachte ihm etwas zu essen. Es umarmte das andere Mädchen. Ich wusste: Es ist der Tod.

Ich sah, dass das kleine Kind in den Armen des großen Mädchens wegsackte. Es starb. Die beiden verschwanden im Nebel. Dann kam das Mädchen mit den langen Haaren zurück zu mir. Es flirtete mit mir. Es lächelte. Es war so schön und lieb und verführerisch. Das Mädchen wollte mich umarmen. Die Versuchung war für mich groß, mich einfach fallen zu lassen und ihm hinzugeben.

Doch dann überkam mich eine ungeheure Wut. Eine Kraft, die ich selbst gar nicht in mir vermutet hatte. Ich riss einen Tannenbaum aus. Ich drosch auf das Mädchen ein, bis es im Gesicht blutüberströmt war. Dann wurde es mit einem Mal zum Skelett und zerfiel vor meinen Augen zu Staub.

Ich deutete diesen Traum so: Ich werde den Tod besiegen. Und so: Ich muss all meine Kraft zusammennehmen und gegen den Tod kämpfen.

Ich will gesund werden

Kann es Heilung geben? Oder ist es realitätsfern, daran zu glauben? Ist der Tod nicht immer stärker, wenn das Schicksal will, dass einer früh sterben soll? Woher wissen wir, was das Schicksal will? Vielleicht will mein Schicksal, will Gott, dass ich etwas lerne. Dass ich begreife, worauf es im Leben ankommt? Nämlich das Leben zu nutzen, um mich mit meinen Anlagen und Talenten voll zu entfalten?

Meine Familie glaubt fest an Heilung. Ich habe ja einen Vater, der manchmal unerbittlich zu uns war, der aber auch sehr viel Sicherheit ausstrahlt und mir immer das Gefühl gab und gibt, dass er weiß, wo es langgeht. Vielleicht ist das ja so ein menschlicher Reflex, zu glauben, dass das Schlimmste schon nicht eintreten wird, dass man überlebt. Ich habe mal gelesen, dass zum Tode Verurteilte sogar noch auf dem Weg zu ihrer Hinrichtung glauben, dass das Urteil revidiert wird und sie gerettet werden. Das ist wahrscheinlich der Überlebenstrieb, der ganz tief in uns drinsitzt.

Mein Vater begann nach dem ersten wahnsinnigen Schock wie ein Bekloppter zu recherchieren. Die vergangenen Monate hat er sehr viel Zeit damit verbracht. Er ist ein Spezialist in Sachen »Magenkrebs« geworden, kennt sich wahrscheinlich besser aus als mancher Arzt, würde ich sagen.

Das Ergebnis seiner Recherche war ernüchternd. Es gibt verschiedene Arten von Magenkrebs. Ich habe einen »diffusen« Tumor. Meiner ist besonders problematisch, weil er in die Magenwand hineingewachsen ist und sehr schnell in die Lymphknoten streut. Er wird meistens erst spät erkannt, vor allem, wenn ein Arzt überhaupt nicht auf die Idee kommt, dass es ein solcher Tumor sein könnte. Oft sieht der Arzt bei einer Magenspiegelung dann nur die Gastritis, genauso wie es bei mir war.

Manchmal grüble ich, was passiert wäre, wenn jemand zwei und zwei etwas früher zusammengezählt hätte – und wegen meiner vielen Symptome auf die Idee gekommen wäre, hinter der Gastritis könnte sich ein Tumor verbergen. Es gibt Momente, da würde ich die Bilder der Spiegelung von damals gerne noch einmal ansehen lassen. Aber was würde es mir nutzen? Es würde mich sicher nur furchtbar traurig machen, sollte ich erfahren, dass jemand Anzeichen für den Krebs übersehen hat, als es vielleicht noch gar keine Metastasen gab.

Mein Vater beschäftigte sich auch intensiv damit, was es für Behandlungsmöglichkeiten gibt. Er hat mir bald ein umfangreiches Angebot unterbreitet, und wir alle in der Familie sind überzeugt, dass man noch sehr viel tun kann, um wieder gesund zu werden. Meditation,

Bewegung, Pilze, Misteln, eine Fastenkur, Öle, homöopathische Mittel, Akupunktur, chinesische, tibetische oder ayurvedische Medizin: Mein Vater war der Meinung, dass ich entscheiden sollte, was ich machen will. Ich entschied mich für Meditation und für Kurkuma und dafür, mich möglichst gesund zu ernähren. Ganz viel Gemüse. Ganz wenig Zucker. Den Gefallen wollte ich den Krebszellen auf keinen Fall tun, sie auch noch mit ihrer Lieblingsspeise, dem Zucker, zu verwöhnen. Ich habe mich auch ziemlich gut daran gehalten, obwohl ich eigentlich jemand bin, der furchtbar gerne deftige Sachen, Fleisch und Kuchen isst – lauter Dinge, die jetzt auf der Roten Liste stehen.

Über das Internet erfuhren wir auch von sogenannten Spontanheilungen, also von Heilungen, mit denen keiner mehr gerechnet hat. Ich schaute mir die Erfahrungsberichte der Betroffenen sehr genau an. Es sind die Heilungsgeschichten von Leuten, die glaubwürdig, also nicht verrückt wirken und die davon berichten, wie sie lebensbedrohliche Krankheiten überwunden haben.

Auf diese Weise lernte ich, dass Heilung oft dann stattfindet, wenn man sich den höheren Mächten anvertraut. Vor meiner Krankheit war ich ja eher passiv gläubig, wie es wahrscheinlich die meisten Menschen sind. Nun begann ich mich dem Glauben zu öffnen. Es leuchtete mir ein, dass man an größere Zusammenhänge glauben muss, wenn man wieder gesund werden will. Sonst wäre alles sowieso sinnlos, und man könnte gleich sterben.

Ich bin katholisch. Mit zwölf Jahren mochte ich den Kommunionsunterricht sehr. Die Kommunion war ein Fest, das mir was bedeutete, nicht nur wegen der Geschenke. Ich fühlte mich so gut behütet damals. Von Gott und von der ganzen großen Familie. Jetzt ging es für mich darum herauszufinden, was Gott oder Jesus noch mit mir vorhat. Und alles dafür zu tun, diese Aufgabe auf der Erde zu erfüllen. Ich bin zu allem bereit. Ich bete viel.

Kampf ums Überleben

Am Tag nach der Schockdiagnose, es war ein Freitag, erreichte uns ein Anruf vom Krankenhaus. Wir sollten sofort kommen, um die Chemotherapie zu besprechen. Meine Eltern begleiteten mich.

Ein OP-Arzt erklärte uns, dass mir über der rechten Brust ein Port gelegt werde, dessen Katheter in eine herznahe Vene münde. Über diese Vene könnten sich die Medikamente rasch im Blutstrom verteilen. Ein solcher Port verhindere, dass bei jeder Infusion in die Vene gestochen werden müsse. Ich ließ alles über mich ergehen, hörte gar nicht richtig zu. Eine Seite in mir war tags zuvor so erschüttert worden, dass ich ganz mutlos war: Wozu das alles, dachte ich, wenn ich doch sowieso sterben muss?

Weiter ging es auf die Krebsstation. Wir gingen natürlich davon aus, dass jetzt das Aufklärungsgespräch folgen würde. Die Ärzte hatten uns bisher nur die Diagnose mitgeteilt. Die Station erschien mir dunkel und schmuddelig, ich wollte nur noch weg. Ich hatte das Gefühl: Das hier ist die Endstation. Ich war völlig verzweifelt. Und es wurde nicht besser.

Die Ärztin, die uns dort empfing, sagte nur, sie habe jetzt keine Zeit. Auf Bitten meines Vaters drückte sie uns schließlich zwischen Tür und Angel Kopien der Befunde in die Hand und vertröstete uns mit den Worten: »Nächste Woche mehr.« Dabei wirkte die Station gar nicht überfüllt, und von Hektik war auch nichts zu spüren.

Mein Vater wurde richtig wütend. Er sagte: »Sie haben ein junges Mädel hier, das hat Krebs. Die müssen Sie doch über ihre Situation aufklären!«

Früher mochte ich es nicht besonders, wenn mein Vater zornig wurde. Aber jetzt fand ich es gut, dass er mich verteidigte. Wie schlimm muss es sein, wenn man in einer solchen Situation niemanden hat, der einen begleitet und sich für einen einsetzt? Unvorstellbar, wenn man das alleine aushalten muss! Ich finde es grausam, was hier geschah. Wenn man ernsthaft erkrankt ist, dann ist man so sehr darauf angewiesen, dass einem jemand zur Seite steht. Dass man sich nicht fühlt wie eine Nummer, auf die es gar nicht ankommt.

Für das Krankenhauspersonal ist man natürlich einer von vielen. Aber trotzdem braucht man Unterstützung, um eine so katastrophale Diagnose verstehen zu können, um aushalten zu können, was auf einen zukommt.

Wahrscheinlich gibt es Krankenhäuser, in denen es anders ist. Aber dieses Krankenhaus hier – keine Klitsche, sondern ein großes, renommiertes Hamburger Krankenhaus – war der Horror.

Meine Eltern und ich haben dann den folgenden Plan festgelegt: Ich würde die Chemotherapie machen, um die entarteten Zellen mit den Mitteln der modernen Medizin zu töten. Uns war klar, dass die Tumore ohne diese Therapie ungebremst weiterwachsen würden. Ich nahm mir vor, die Behandlung durchzustehen. Ich wollte einfach tapfer sein. Parallel würde ich alles daransetzen, mein Immunsystem zu stärken und meine positiven Gedanken zu pflegen, damit das Gesunde in mir wieder die Oberhand bekommen würde.

Meine Mutter sorgte für »so viel Normalität wie möglich«, mein Vater wollte mit mir die unkonventionellen Wege gehen, so war die Aufteilung bei uns zu Hause. Ich muss sagen, mein Vater wächst mir immer mehr ans Herz. Meine Mama wird mir manchmal ein bisschen zu viel mit ihren ständigen Fragen, was ich essen will und wie ich mich gerade fühle. Manchmal wäre es mir lieber, sie würde sich einfach mal ruhig neben mich setzen. Aber das kann man jetzt leicht erzählen. Meine Eltern hatten keine Vorbereitungszeit, leben seit meiner Erkrankung in einer vollkommenen Ausnahmesituation. Nichts ist mehr normal.

Die Port-Implantation, für die ich drei Tage später wieder ins Krankenhaus musste, ist eigentlich ein Routineeingriff. Rechts unter dem Schlüsselbein wird ein

Kästchen eingepflanzt, über das dann später die Chemotherapie verabreicht wird. Trotzdem war ich sehr nervös.

Ich bekam eine Vollnarkose. Mein Vater und Simon hatten mich begleitet. Die beiden machten sich irrsinnige Sorgen, weil sich die Operation ungewöhnlich lange hinzog. Als sie mich erst nach fast fünf Stunden endlich wiedersahen, war ich sehr blass und extrem geschwächt. Simon fing sofort an zu weinen. Auch mein Vater war kreidebleich. Es tut mir heute noch weh, wenn ich an diesen Moment denke.

Ein Arzt hatte ihnen erzählt, man müsse mich nur noch eine Weile überwachen, weil es mir nach dem Eingriff nicht so gut gegangen sei. Wir glauben das bis heute nicht. Wahrscheinlich gab es Komplikationen, und ich habe viel Blut verloren. Die Vorboten zum Terror später.

Erst jetzt, nachdem alles schon für die Chemotherapie vorbereitet war, klärte uns endlich eine Ärztin darüber auf, was mit mir los war und was sie mit mir vorhatten. Der Krebs war in einem fortgeschrittenen Stadium, die Lymphbahnen waren bereits befallen. Eine Magenoperation habe deshalb keinen Sinn mehr.

Die Chemotherapie war aus Sicht der Ärzte die einzige sinnvolle Strategie, trotz statistisch minimaler Chancen, die Tumore auszurotten und am Wuchern zu hindern. Gleich am selben Tag sollte sie beginnen. Sie würden mir eine Cisplatin-Mischung verabreichen, stationär, vierundzwanzig Stunden lang am Stück, vor allem, um zuerst den starken Lymphknotenbefall in den Griff zu bekommen.

Es müsse sehr schnell begonnen werden, sagte die Oberärztin noch, da die Gefahr bestehe, dass die stark anschwellenden Lymphknoten den Zugang zu den Nieren verstopfen könnten.

Aber es kam dann doch anders. Mit der Chemo wurde an diesem Abend nicht begonnen. Stattdessen wurde ich Hals über Kopf aus dem Zimmer gefahren. Zum Röntgen, wie sich erst später herausstellte. Niemand erklärte uns, warum. Die Chemo wurde verschoben. Ich muss so furchtbar ausgesehen haben, dass mein Vater dachte, ich würde ihm jetzt vor seinen Augen wegsterben.

Wenn er heute davon erzählt, rührt mich das sehr. Er ist doch einer, der alles immer unter Kontrolle haben will. Und an jenem Abend hatte er nichts mehr unter Kontrolle. Vor kurzem hat er zu mir gesagt, mit ansehen zu müssen, wie furchtbar ich leide und wie die Ärzte möglicherweise alles vermasseln, das sei das Schlimmste, was ihm passiert sei, schlimmer als alles, was ihm noch passieren könne.

Ich habe verwundert geschaut, als er das so sagte. Ich habe überlegt, ob er das wirklich so meinen könnte. Dann habe ich gefragt: »Aber wenn einer stirbt – dann ist das doch noch schlimmer.« Natürlich habe ich dabei mich gemeint, aber ich wollte das lieber so allgemein sagen.

Er hat auch nachgedacht und dann ganz bedächtig geantwortet: »Nein, Helena. Auf alles, was jetzt noch kommt, bin ich vorbereitet.«

Es ist ein merkwürdiger Satz, finde ich. Ich habe ja schließlich überlebt, damals. Vielleicht fühlt es sich für meinen Vater jetzt besser an, weil er mehr weiß und glaubt, dass er jederzeit doch noch etwas tun kann. Oder er konnte sich inzwischen innerlich auf alles vorbereiten, was jetzt noch passieren kann, also auch auf meinen Tod. Ich frage lieber nicht mehr genauer nach.

Erst zwei Tage später sollte die Chemo endlich beginnen. Meine Mutter war bei mir im Krankenhaus. Aber es kam wieder anders. Wieder wurde ich Hals über Kopf weggefahren, kurz bevor es losgehen sollte. Meine Mutter konnte nur mit Mühe in Erfahrung bringen, warum. Man sagte ihr, es bestünde der Verdacht, dass ich Magenblutungen hätte. Deshalb sei es nötig, dass ich erneut geröntgt werde.

Ich war unendlich schwach. Ich erbrach mich und spuckte Blut. Eine Bluttransfusion wurde angeordnet. Es brach Hektik aus. Meine Mutter sagte, sie habe in meinen Augen das Flehen »Mama, bitte hilf mir!« gesehen. Sie sei innerlich völlig aufgewühlt gewesen, aber äußerlich vollkommen ruhig geblieben, erzählte sie mir später. Sie habe Angst gehabt, dass ich den Tag nicht überleben würde, und habe gewusst, dass sie, wenn sie diesen Gedanken an sich herangelassen hätte, zusammengebrochen wäre.

Als ich vor Erschöpfung einschlief, ist sie intuitiv in die Krankenhausbibliothek gelaufen und hat dort Bücher ausgeliehen. Kinderbücher! Die hat sie mir dann vorgelesen. Das klingt nach einer komischen Idee. Nur wenige Tage später wurde ich einundzwanzig! Aber es war so klug von ihr. Ich fühlte mich von meiner Mama beschützt und getröstet wie früher.

Am nächsten Morgen wurde eine Magenspiegelung gemacht. Wir erfuhren, dass es tatsächlich Blutungen im Magen gegeben hatte. Anscheinend schrappte festes Essen am Tumor entlang und brachte ihn zum Bluten. Ich sollte also mehr kauen und viel trinken. Irgendwann startete die Chemo.

Vierundzwanzig Stunden lang wurde meinem Körper Cisplatin und anderes eingeflößt. Ich hatte schon geahnt, dass Chemo hart ist. Aber so hart hatte ich sie mir nicht vorgestellt. Es war schrecklich. Mir war übel, ich war schwach, alles hat einfach eklig geschmeckt, und Kauen oder Runterschlucken war wie Kraftsport, unglaublich anstrengend. Johannes, mein Bruder, hatte gesagt: »Wenn es richtig schlimm ist, dann wirkt es.« Dieser Satz begleitete mich, ich klammerte mich sogar daran. Und ich hatte ein Bild: Durch die Infusion fuhr eine Brigade Bergarbeiter in meine Adern ein. Sie hatten Hämmerchen dabei, mit denen sie die bösen Zellen zerschlugen.

Es ging mir bald unglaublich schlecht. Ich hatte Schmerzen, mir war übel, ich wurde noch schwächer, obwohl ich doch schon davor so wahnsinnig schwach gewesen war. Mir kam es so vor, als hätte ich kübelweise Gift gefressen. Es fühlte sich an, als wäre ich zusammengeschlagen worden. Ich konnte nicht stehen, nicht gehen, nicht duschen, nichts lesen, nicht fernsehen, kaum sprechen. Ich lag im Bett und konnte fast gar nichts mehr.

Als die Strapazen vorbei waren und ich nach zehn Tagen endlich wieder zu Hause war, ging es mir deutlich besser. Ich schwitzte nicht mehr in der Nacht. Die Rückenschmerzen waren fast weg. Sogar Schmerztabletten brauchte ich keine mehr, endlich, nach so vielen Monaten. Ich hatte in dieser kurzen Zeit 18 Kilo abgenommen – ich bin 1,80 Meter groß. Ich wog mal 76 Kilo. Jetzt waren es nur noch 58.

Wir wechselten an die Uniklinik Hamburg-Eppendorf. Ich wollte nie wieder einen Fuß in das andere Krankenhaus setzen. Am UKE sollte die Chemotherapie ambulant fortgesetzt werden. Es war viel besser dort, die Ärzte erklärten und machten viel möglich.

Wenige Wochen später wurde gecheckt, wie sich der Krebs entwickelt hatte. Das Warten auf das Untersuchungsergebnis ist eine riesige psychische Herausforderung. Mega-angespannt habe ich gewartet, gehofft, gebetet. Daumen hoch – oder Daumen runter. Tod oder Leben. Der Daumen zeigte nach oben. Der Arzt, der mir die gute Botschaft überbrachte, sah sehr zufrieden aus: Leben! Die Tumore waren um die Hälfte geschrumpft. Die Erleichterung war riesig.

Ich war auf dem Kurs der Besserung. Alles würde ich aushalten, was jetzt noch kommen würde, auch wenn sich kaum einer, der es selbst nicht erlebt hat, vorstellen kann, was Chemo wirklich bedeutet. Kein Wunder, dass man das Zeug besser nicht direkt in die Vene am Arm einspritzt – schon an der Einstichstelle kann es zu Verätzungen kommen.

Körperlich wirkte ich wie ein Gespenst. Jedes Gramm Fett weg, ausgezehrtes Gesicht, vergiftet durch die Chemo. Aber mit einem Schlag waren meine Lebenskräfte wieder da. Ich tanzte. Ich sang. Ich aß wieder. Alles war vergessen – ich war mir sicher, dass ich wieder gesund werden würde.

Mein einundzwanzigster Geburtstag

Als ich wieder zu Hause war, gingen mir die Haare aus. Mein einundzwanzigster Geburtstag war gerade vorbei. Die meisten meiner Freundinnen und Bekannten waren gekommen, um mit mir zu feiern. Da hatte ich noch meine schönen blonden Haare, die ich so gerne lang trug, aber sie fielen schon strähnenweise aus, wenn ich mich kämmte.

Zusammen mit Theresa habe ich sie am nächsten Tag auf Pagenkopflänge abgeschnitten. Dann habe ich meinen Vater gebeten, sie abzurasieren. Er hat das gemacht. Dabei hielt er meinen Kopf ganz behutsam in der Hand. Er hat geweint. Wir haben alle geweint.

Ich kaufte eine Perücke mit langen blonden Haaren und Tücher, die ich mir um den Kopf binden konnte. Man fühlt sich schutzlos ohne Haare. Ich aber war eingehüllt von so vielen liebevollen, besorgten Blicken.

Ich denke manchmal: Wie schwer muss es für Menschen sein, die alleine sind?

Ein paar Tage später traf ich Helmuth, meinen Onkel, beim Spazierengehen. *All of Me*, mein Lied, ja, das wollte ich jetzt aufnehmen, es passte alles so gut. Diese Zeile: »Even if my head is under water. I'm still breathing fine.« Haha! Ja! Ich atme noch.

Aber es steckt in diesem Lied noch sehr viel von dem, was ich mir für die Zukunft so sehnlich wünsche. Im Grunde meines Herzens bin ich doch eine Märchenprinzessin, beeinflusst von Filmen wie *Pretty Woman*: Ich will eines Tages jemanden finden, dem ich alles gebe: *All of me*. Und von dem ich alles bekomme. *All of you*. Die ganz große Liebe.

Ich glaube daran. Es wird einen Menschen geben, der ganz für mich da ist. Ich möchte Kinder. Ich möchte eine Familie. Das ist doch der Sinn des Lebens. Sterben, ohne eine richtig riesige Liebe gehabt zu haben, das wäre doch unsinnig. Es war der Moment, in dem ich dachte, ich habe eine harte Lektion erhalten. Danke schön. Aber jetzt darf ich weiterleben.

Über die Liebe

Um ehrlich zu sein: Die ideale Liebesbeziehung, wie ich sie mir vorstelle, ist mir in meinem Leben noch nicht untergekommen. Die Ehe meiner Eltern ist mir zu wenig romantisch. Es ist nicht so, dass sie oft streiten.

Aber ihre Beziehung ist eher alltäglich, wie die meisten Beziehungen wahrscheinlich. Die Eltern meiner Freundinnen sind entweder nicht mehr zusammen, oder sie führen auch eine Beziehung, die mir ziemlich eintönig vorkommt. Und Helmuth, mein Onkel: Na ja, das ist auch keine heile Welt bei denen. Es sah mal von außen so aus. Dann war er plötzlich geschieden.

Ich selbst hatte noch keinen festen Freund. Klingt komisch, wenn man schon einundzwanzig ist. Klar, ich bin aufgefallen. Ich habe gemerkt, dass sich Typen für mich interessieren. Das habe ich auch genossen. Meine Freundinnen sagten: »Du musst dir bestimmt keine Sorgen machen, so gut wie du aussiehst.«

Das mit den Jungs war ein Spiel für mich. Es funktionierte so, wie ich das ja schon im Zusammenhang mit unseren Zeltreisen erwähnt habe: Wenn einer sich für mich interessierte, dann interessierte ich mich nicht für ihn. Und umgekehrt. Ich dachte damals, ich müsste unbedingt einen Freund haben, der super aussieht. Immer stand das Aussehen im Vordergrund. Heute denke ich, dass das mit meiner eigenen Unsicherheit zu tun hatte. Ich wollte vor allem, dass die anderen ihn toll finden und er so mein Image aufwertet. Damit keiner sagen kann: Was hat die denn für einen Freund?

Früher habe ich manchmal Paare gesehen, da war er superhübsch, Typ Model, und sie war eine graue Maus. Hä?, habe ich gedacht. Wie passt das denn? Warum hat er keine Hübschere? Meine Erklärung ist: Das muss wohl wirklich was mit Liebe zu tun haben.

Ich kannte mal einen Jungen, der war hartnäckig in mich verliebt. Er sah auf den ersten Blick nicht umwerfend aus, war eher Durchschnitt, mit der Tendenz langweilig. Anfangs kam er nicht in Frage für mich. Irgendwann habe ich mich doch auf ihn eingelassen. Es hat mich beeindruckt, dass er nicht lockerließ. Mein Gehirn vermutete: Wahrscheinlich ist genau so einer, der auf den ersten Blick nicht auffällt, ein richtig guter Typ. Sozusagen ein Frosch, der sich in einen Prinzen verwandelt, auch wenn der nicht wirklich so eklig wie ein Frosch war.

Meine Vermutung stimmte leider nicht. Auf den zweiten Blick war er erst recht ein Frosch. Kaum glaubte er mich zu haben, wurde er bequem. Eines Nachts musste ich dringend zur Apotheke. Das kümmerte ihn wenig, er wollte lieber weiterschlafen. So bin ich dann alleine los. Das passt nicht zu meiner Vorstellung von Beziehung. Vielleicht erfüllt sich die ja nur ganz selten im realen Leben. Vielleicht gibt es so etwas nur in Filmen, in doofen Schlagern oder in diesen schönen, romantischen Liebesliedern, die mir selbst so gut gefallen.

All of me. All of you: Wer weiß, ob John Legend, der das Lied geschrieben hat, in Wirklichkeit so hingabefähig ist, wie es in seinem Lied klingt. Ich bin schon vielen Egoisten begegnet, Einzelkämpfern, Leuten, die eigentlich gar nicht in der Lage sind, eine Beziehung zu führen. Vielleicht habe ich auf andere genauso merkwürdig gewirkt. Viele meiner früheren Bekannten sind so drauf: Sich bloß nicht wirklich auf jemanden einlassen. Hauptsache, Spaß haben, Hauptsache, alles easy, und man wird nicht belastet. Heute denke ich: Das Leben ist aber nicht nur Spaß.

Ich möchte an ein Wunder glauben

In den letzten Monaten habe ich über mein bisheriges Leben sehr viel nachgedacht. Ich habe viel Zeit dafür. Ich bin einundzwanzig – und ich denke so viel über mein Leben nach wie wahrscheinlich kaum ein Mensch sonst in meinem Alter. Ich befinde mich in einem Vakuum. Es ist ein bisschen so, stelle ich mir vor, wie wenn ich zur Todesstrafe verurteilt wäre. Ich wohne natürlich nicht in einer Zelle, sondern zu Hause. Das Zimmer, das für mich aufgrund der Krankheit eingerichtet wurde, liegt im Erdgeschoss, neben der Küche. Es ist groß und geht zum Garten hinaus. Ich räume nicht gerne auf. Meistens liegen meine Klamotten wild durcheinander, nur jetzt schimpft darüber niemand. Ich werde geschont. Das ist schön und schrecklich.

Ich halte mich gerne im Wohnzimmer oder draußen auf. Meine drei Geschwister sind, wie gesagt, ausgezogen, aber meine Eltern sind viel für mich da. Ich bin also nicht einsam und habe alles, was ich brauche. Alle Zeitungen und Magazine, die ich haben möchte, bringt meine Mutter oder mein Vater mit, ich kann fernsehen, ich kann jederzeit jemanden anrufen oder jemanden einladen – was ich fast nie tue –, ich kann jederzeit zum

Kühlschrank gehen, ich bekomme von meinen Eltern alles, was ich essen oder trinken will. Ich habe also alle Freiheiten, und es geht mir, was meine Versorgung angeht, gut. Trotzdem muss ich immer wieder an das Wort »Todestrakt« denken. Ich fühle mich manchmal wie einer, der zum Tode verurteilt ist. Und der hofft, begnadigt zu werden.

Ich tue alles dafür. Ich bete. Ich bin freundlich zu meinen Mitmenschen, jedenfalls so freundlich, wie ich kann, auch wenn sie mir ab und zu auf die Nerven gehen. Ich schicke Gelübde zum Himmel, was ich alles für die Menschheit tun werde, wenn man mich am Leben lässt – zum Beispiel Lieder schreiben und Lieder singen, mit denen ich ihr das Leben versüße.

Der große Unterschied zu demjenigen, der zum Tode verurteilt wurde, ist: Ich habe nichts verbrochen. Ich sitze zu Unrecht in diesem Todestrakt, werde verurteilt für etwas, das ich gar nicht getan habe, und flehe, damit das Unrecht noch rechtzeitig aufgeklärt wird.

Gleichzeitig weiß ich genau, dass das mit der Begnadigung vielleicht nichts wird. Vielleicht steht in ein paar Monaten oder irgendwann nächstes Jahr plötzlich der Henker vor der Tür, um mich abzuholen. Mitkommen jetzt. Schluss!

Es sind schreckliche Gedanken. Wenn ich alleine bin, besteht immer die Gefahr, dass ich in solche Negativspiralen gerate. Dann versuche ich mich abzulenken, indem ich mich auf diesen Gedanken konzentriere: Chancen gibt es immer. Wunder passieren. Es kann doch gut sein, dass mein Immunsystem wieder das

Regiment übernimmt. Wer kann das schon beurteilen? Ich bin ich. Ich will leben. Und Statistiken sind einfach nur Statistiken.

Ich stelle mir vor, dass es eine große Rolle spielt, ob jemand immer daran denkt, wie schlecht es ihm geht. Oder ob er, wie ich, fest daran glauben will, dass er gesund werden kann. Ich meine, es passieren doch ständig auf der Welt richtig verrückte Sachen. Warum überlebt denn bei einem Flugzeugabsturz manchmal genau einer?

Getrennt von der Welt

Meine Freundinnen und ich haben keine großen Gemeinsamkeiten mehr. Sie sind gesund. Ich bin krank. Es ist, als wäre eine Wand aus dickem Glas zwischen uns. Ich habe – oder muss ich sagen: hatte? – in Hamburg eine Clique, aber eigentlich nie eine richtig enge beste Freundin. Als ich die schreckliche Diagnose bekam, habe ich das meinen Freundinnen geschrieben. Sie waren natürlich fassungslos, meinten: wie furchtbar, wie schrecklich, und wünschten mir alles Gute für die Genesung – und so. Aber irgendwann habe ich mich ganz von ihnen zurückgezogen.

Dieses Gefühl, abgetrennt von allem zu sein, begann schon in der Zeit, in der ich mich nicht mehr gesund fühlte und die anderen nicht verstanden, warum ich nicht mehr so verrückt war wie früher. Und als dann die Diagnose kam, bei der es um Leben und Tod ging, dann war dies eine extreme Herausforderung für beide Seiten. Ich schäme mich, mich so schwach zu zeigen. Und die anderen wissen nicht, wie sie mit jemandem umgehen sollen, der so schwer krank ist.

Nach der ersten Chemotherapie, als ich dachte, dass

es richtig bergauf gehen würde, habe ich wieder den Kontakt zu meinen Freundinnen gesucht. Es sah dann auch so aus, als könnte bald wieder alles so sein wie immer. Wir haben uns getroffen, zusammen ferngesehen, Pläne gemacht.

Eine von meinen früheren Freundinnen ist inzwischen ganz abgesprungen. Sie erkundigt sich gar nicht mehr nach mir. Die anderen fragen immer wieder nach, wie es mir geht. Eine Freundin, die ich schon aus dem Kindergarten kenne, bemüht sich um mich, auf ihre Art. Sie hat gute Absichten, macht aber leider vieles falsch und hat bisher noch nicht mitbekommen, wie schlimm es wirklich um mich steht. Sie denkt, ich hätte was gegen sie, wenn ich auf ihre Vorschläge nicht eingehe. Vor kurzem hat sie mich zu einer Wochenendreise eingeladen. Aber eine Autofahrt, fünf Stunden hin und fünf Stunden zurück, das konnte ich nicht schaffen. Das wäre eine viel zu große Strapaze für mich. Sie war sauer über meine Absage. In einer WhatsApp schrieb sie, sie würde dauernd versuchen, mit mir etwas auszumachen. Aber sie sei langsam genervt. Ständig würde ich absagen, man könne mit mir einfach nichts mehr planen.

Früher war ich sehr angepasst, um bloß von allen gemocht zu werden. Jetzt ist mir egal, was die anderen von mir denken. Ich habe ihr zurückgeschrieben und ihr gesagt, wenn sie kein Verständnis für mich habe, dann sei es besser, wenn wir den Kontakt nicht fortsetzen würden. Erst hat sie nicht darauf geantwortet. Dann hat sie mir doch wieder geschrieben. Sie meint es nicht so.

Einige Freundinnen haben sich gar nicht mehr bei mir gemeldet. Wahrscheinlich weil sie nicht wissen, was sie sagen sollen. Unter ihnen ist auch eine, mit der ich viel zusammen war. Es fühlt sich traurig an, man ist in der Situation, in der ich mich befinde, ja sowieso viel allein.

Eigentlich gibt es nur eine Freundin, die sich mindestens einmal in der Woche bei mir meldet. Maja ist mir heute sehr nahe – viel näher als vor meiner Krankheit. Sie kommt jede zweite Woche zu Besuch. Wir sitzen herum und schauen manchmal gemeinsam Fotos von früher an. Sie fragt mich, wie es mir geht, und hört mir einfach zu. Etwas anderes brauche ich nicht. Es ist nicht schön, wenn jemand versucht, mich mit aller Gewalt aufzuheitern. Ich habe dann fast ein schlechtes Gewissen, weil ich trotzdem keine gute Laune bekomme.

Eine Freundin, die ich schon sehr lange kenne, hat mich mal während der ambulanten Chemo im Krankenhaus besucht. Sie hatte Luftschlangen und Sonnenblumen dabei und war richtig aufgedreht. Es fühlte sich falsch an. Ich konnte darauf gar nicht reagieren. Sie war ziemlich gekränkt darüber.

Vor kurzem war meine alte Clique bei mir zu Besuch, alle bis auf die Freundin, die sich sowieso nicht mehr bei mir meldet, sind gekommen. Mein Bauch war an diesem Tag auffällig dick, da sich hier viel Wasser angesammelt hatte. Wir sprachen darüber, und alle waren sehr besorgt um mich. Dann kam die Rede auf Silvester und die Frage auf: Was sollen wir dieses Jahr machen?

Eine sagte: »Das ist doch noch so lange hin.«

Eine andere meinte: »Ja, schon, aber man muss jetzt schon eine Hütte mieten, sonst ist alles ausgebucht.«

Ich wurde traurig und dachte: Was weiß ich, wie es mir an Silvester gehen wird? Andererseits: Was wissen die anderen eigentlich? Statistisch gesehen ist ihre Chance wahrscheinlich größer, das Jahresende feiern zu können. Aber passieren kann immer was. Doch im Unterschied zu mir verlassen sich die anderen darauf, dass alles gut geht, obwohl das eigentlich auch nicht sicher ist. Ich beneide sie so sehr darum.

Disziplin und Gebet

Wenn etwas die Selbstheilungskräfte ohne Medikamente stärken kann, dann ist es Meditation verbunden mit Autosuggestion. Mein Vater und ich haben viel darüber gelesen. Es gibt zahlreiche Untersuchungen dazu, wie positiv sich regelmäßige Meditation auf das Immunsystem auswirkt. Und vor allem gibt es viele glaubwürdige Berichte von Menschen, die so ihre Selbstheilungskräfte mobilisiert haben – und geheilt wurden. Meditieren ist zum wichtigen Bestandteil meines Alltags geworden.

Eine Meditationsform, die mir auf Anhieb gefiel, habe ich selbst im Internet gefunden. Ein über sechzigjähriger Mann namens Rolf Drevermann bietet sie an. Er bezeichnet sich als Energietherapeut und geistlichen Heiler und sagt, er könne mit seinen Händen die Kraft Gottes auf Menschen übertragen. In Foren im Netz gibt es viele, die ihn loben und erzählen, dass sie durch ihn geheilt wurden oder dass es ihnen zumindest sehr viel besser gehen würde, seit sie diese Meditation praktizieren. Zu seinem Buch *Heilen in Gottes Auftrag* hat Pfarrer Jürgen Fliege das Vorwort verfasst. Er schreibt: »Rolf Drevermann brauchte der Himmel wohl, um an die alte Heilkunst des Handauflegens zu erinnern. Die schien fast vergessen. Handauflegen taten und tun die Heiler aller Zeiten und Himmelsrichtungen, biblische und unbiblische.« Ich finde das einleuchtend. Ich erlebe inzwischen täglich selbst, wie gut das Handauflegen tut.

Mein Vater war zunächst ziemlich skeptisch. Er fürchtete, dass die Herangehensweise von Drevermann zu fundamentalistisch christlich und ein bisschen sektiererhaft sein könnte und mich komplett abschrecken würde, obwohl er von Meditation als Weg und auch vom Glauben so viel hält. Trotz seines unguten Gefühls begleitete er mich zu einem Wochenendseminar von Rolf Drevermann, das bei uns in der Nähe stattfand.

Anfangs wirkte alles ziemlich abschreckend auf mich. Wir übernachteten in einem düsteren Seminarhaus, das an einer lauten Straße lag. Außer uns waren nur sechs Leute gekommen, ich war natürlich von allen mit Abstand die Jüngste. Schnell fiel mir auf, dass Herr Drevermann für meinen Geschmack in manchem etwas zu engstirnig war. Er sagte: Jesus möchte, dass man jeden Sonntag in die Kirche geht. Warum sollte das so sein? Warum sollte man nicht genauso gut zu Hause beten können? Auch wurde er richtig sauer, als eine Frau erzählte, dass sie nach einer Meditation am liebsten Rad fahren würde. Er ist nämlich davon überzeugt, dass man nach einer Meditation unbedingt ruhen muss.

Aber die Meditationen an sich, die er anleitete und bei denen er einem manchmal die Hand auflegte, haben mich sehr berührt. Ich habe tiefe Wärme gespürt, und Licht hat mich durchflutet. Nach dem Seminar fühlte ich mich aufgeladen mit Kraft und war sehr optimistisch.

Seither praktiziere ich diese Meditation jeden Tag für mich alleine. Mein Vater hat für die Meditationen einen kleinen Raum im Erdgeschoss eingerichtet, das Fenster geht zum Garten hinaus. In diesem Zimmer steht ein Liegestuhl, den man weit zurückklappen kann.

Ich lege die CD *Die göttliche Kraft* in den CD-Player ein, nehme Platz auf dem Liegestuhl und schließe die Augen. Die Meditation dauert über eine Stunde. Rolf Drevermann spricht mit einer klaren, beruhigenden Stimme, und angenehme Musik ist zu hören. »Du spürst in dir die heilsame Kraft Gottes, die dir dein höchstes Gut, deine Gesundheit, zurückgeben kann«, so etwas sagte er. Oder auch: »Für jede Seele, die zum Vater, zu Gott zurückkehrt, findet ein großes Fest, eine große Glorie im Himmel statt.« Das tröstet mich, zumindest ab und zu.

Wenn ich meditiere, dann ist die Musik von der CD im ganzen Haus zu hören, obwohl die Tür geschlossen ist. Es verbreite sich dann überall eine wohltuende Atmosphäre, sagen meine Eltern. Ich bin sicher, sie sind froh, dass ich in den Zeiten meiner Meditation einigermaßen entspannt bin.

Auch mein Vater hat eine Meditation für mich entdeckt. Sie wurde von Wolfgang Maly entwickelt, der selbst schwer krank gewesen ist und inzwischen sehr viele kranke Menschen begleitet hat. Auch Menschen mit eigentlich unheilbarem Krebs konnten mit seiner Unterstützung geheilt werden, oder ihre Tumore wurden zumindest gestoppt.

Am besten macht man diese Meditationen mit einem Angehörigen, ich mache sie gemeinsam mit meinem Vater. Jeden Abend in meinem Meditationsraum. Wir zünden immer eine Kerze an. Ich liege im Liegestuhl, mein Vater sitzt links neben mir auf einem Stuhl und legt mir seine Hände auf. Eine mit geringer Entfernung über meinem Herzen, die andere auf meinem Bauch. Ich spüre, wie mir göttliches Licht geschickt wird, das wunderbar golden durch den ganzen Körper fließt. Und ich stelle mir vor, so wie es die Anleitung beschreibt, dass alle Zellen gesund sind. Man stellt sich also zu hundert Prozent das Positive vor. Ich spüre dann Wärme, die sich ausbreitet, und ein Kribbeln. Ich atme ruhig und konzentriere mich darauf, dass sich alles noch ändern kann.

In seinem Buch *Die Maly-Meditation – Wie Zuwendung heilen kann* schreibt Wolfgang Maly, dass einer seiner Patienten seit Jahren schon an Bauchspeichelkrebs leidet. Er hat Metastasen in der Lunge, und die Anzahl der weißen Blutkörperchen ist so gering, dass er keine Chemotherapie mehr verträgt. In seinem Bauch hat sich sehr viel Wasser angesammelt. Er konnte sein Haus nicht mehr verlassen und hatte große Angst zu sterben. Er hat, begleitet von seiner Frau, sehr intensiv meditiert. Und das Wasser ist von selbst verschwunden. Zwar ist er immer noch nicht ganz gesund, aber er lebt noch. Und er hat allen Prognosen getrotzt, nach denen er schon längst mausetot sein müsste.

Mein Vater ist ein liebevoller Begleiter. Ich lerne ihn eigentlich erst jetzt kennen. Und ich lerne zu verstehen, wie viel tiefe Liebe in ihm für unsere Familie steckt. Ich war früher oft traurig, weil ich mich von ihm so abgelehnt fühlte. Er ist viel weicher geworden. Ich genieße die Nähe zu ihm, ich glaube sogar, dass wir uns ähnlicher sind, als ich früher dachte. Ich kann es gut zulassen, wenn er meine Füße massiert, die oft kalt sind und starr. Anfangs nahm er ätherische Öle. Jetzt nicht mehr, da ich durch die Chemotherapie so geruchsempfindlich geworden bin. Von Düften, die ich früher angenehm fand, wird mir heute schlecht.

Beide Meditationen haben einen christlichen Ursprung und arbeiten mit der Energie Gottes. Durch meine Krankheit und meine Auseinandersetzung damit ist mir der Glaube wichtig geworden. Das Thema war ja ziemlich in den Hintergrund gerückt, vielleicht auch deshalb, weil Theresa es in unserer Familie so sehr besetzt hatte.

Nur während meiner Kommunionszeit hatte ich mal

eine Zeitlang intensiver mit dem Glauben zu tun, das habe ich ja schon erzählt. Mir gefielen die Geschichten über die Wunder, die Jesus vollbracht hat, und mir gefiel der Charakter von Jesus: Er hat sich für die Schwachen und Kranken eingesetzt. Er ist gestorben, um die Menschen darauf aufmerksam zu machen, wie herzlos sie sind und wie wenig sie verstehen, worum es wirklich geht. Eben nicht um Macht und Geld, sondern um die Liebe zu Gott, zu den Mitmenschen und zu sich selbst und darum, das Leiden von anderen zu lindern.

Vor ein paar Wochen habe ich durch mein Kommunionsalbum geblättert. Ich fand eine Zeichnung, die mich unter den jetzigen Umständen ziemlich amüsiert hat: Wir sollten damals malen, was uns ganz große Angst macht und wo wir uns aus ganzem Herzen auf Gott verlassen. Ich habe gezeichnet, wie ich auf dem Klo sitze und hinter dem Duschvorhang ein Gespenst hervorlugt. Solche Ängste möchte ich heute gerne haben.

Seit dem Erfolg der stationären Behandlung bekomme ich jeden zweiten Dienstag ambulante Chemotherapie in der Uniklinik in Hamburg-Eppendorf. Die Ärzte stellten auf eine Mischung mit Oxaliplatin und Docetaxel um, weil sie besser verträglich sein soll. Jeder zweite Dienstag ist seither mein Horrortag. Ich begebe mich freiwillig in eine Folterkammer und liefere mich meinem Folterknecht aus. So fühlt sich das an.

Mein Onkel Helmuth übernimmt die Fahrten dorthin. Er entlastet damit meine Eltern, und er tut es für mich. Wir fahren jedes Mal eine Stunde hin und eine Stunde zurück. Gegen 10.30 Uhr holt er mich zu Hause ab, erst am frühen Abend sind wir wieder zurück. Er hat es nicht leicht mit mir. Ich spreche meistens schon auf der Hinfahrt kein Wort. Alles in mir sträubt sich, am liebsten würde ich an jeder roten Ampel, an der wir halten müssen, aus dem Auto springen und wegrennen. Nur meine Vernunft hält mich davon ab. Manchmal muss ich mich übergeben, wenn wir in die Straße einbiegen, an der das Krankenhaus liegt, so krass wehrt sich meine Psyche. Mein Onkel lässt mich vor dem Parkhaus der Klinik aussteigen. Er fährt das Auto rein und kommt nach. Es ist mir lieber so.

Ich schleiche ganz langsam ins Krankenhaus. Vor dem Haupteingang steht meistens eine Gruppe Männer in Jogginghosen und raucht. Die Männer schauen zu mir, aber ich schaue nicht zu ihnen. Ich nehme die Treppe zur onkologischen Abteilung.

Zuerst wird mir Blut abgenommen. Anschließend sitzen Helmuth und ich schweigend im Wartezimmer. Manchmal eine Stunde, manchmal zwei Stunden lang. Jedes Räuspern nervt mich.

Die nächste Station ist ein langer, schmaler Raum. Ein Liegestuhl steht hier neben dem anderen. Ich hoffe immer, dass ich den Platz am Fenster bekomme, da kann ich wenigstens nach draußen auf die Hochhausfassaden schauen und muss nicht nur das schreckliche Elend um mich herum sehen, zu meinem ganzen eigenen Elend dazu.

In den Stühlen liegen die krebskranken Menschen.

Sie hängen am Tropf. Sie sind alle älter als ich, manche aber trotzdem erst Mitte vierzig. Eigentlich sind alle ausgemergelt, viele haben graue, gequälte Gesichter. Einige werden von Angehörigen begleitet. Die sehen meistens auch sehr abgekämpft und traurig aus. Mein Vater sagt, es gibt Co-Krebspatienten, so wie es auch Co-Alkoholiker gibt. Co-Krebspatienten begleiten die Kranken, durchleiden gefühlt die Erkrankung und zerbrechen dabei fast selbst.

Es fällt mir schwer, von der Chemotherapie zu erzählen. Die Beutel mit der Infusion werden nacheinander an einem Gestell befestigt, ein Katheter wird mit meinem Port verbunden. Ich muss zulassen, dass das Chemo-Gift in meine Adern läuft. Wie massiv giftig es ist, habe ich schon oft gespürt. Mal bekam ich einen Ausschlag, mal Fieber, mal wurden meine Hände eiskalt, mal begannen meine Füße wie verrückt zu kribbeln. Meistens wird mir schlecht. Ich klammere mich eisern an den Satz meines Bruders Johannes: »Wenn es schlimm ist, wirkt es.« Die Ärzte flößen mir auch Morphium ein. Deshalb werde ich nach einer Weile wahnsinnig müde und schlafe ein.

Mein Onkel holt in der Zwischenzeit meine Medikamente aus der Apotheke, trinkt Kaffee oder arbeitet an seinem iPad. Zum Glück erwartet er von mir nicht Höflichkeit und Dankbarkeit. Ich bin ihm dankbar, das weiß er auch. Aber ich verhalte mich ihm gegenüber ganz anders. Seit er mich begleitet, verbinde ich seine Person mit den Schrecken der Chemotherapie. Alles an ihm reizt mich dann an diesem Chemo-Dienstag. Ich habe richtige Hassgefühle, wenn er schweigend neben mir sitzt. Und noch schlimmer wird es, wenn er irgendwas redet. Er versteht mich und nimmt es nicht persönlich.

»Ich bin jetzt eben der Chemo-Mann, die Rolle werde ich nicht mehr los«, sagt er.

Nach der Behandlung stürze ich raus aus dem Krankenhaus, so schnell ich kann. Ich eile zum Auto. Auf der Rückfahrt ziehe ich mich wieder ganz in mich selbst zurück. Ich weiß ja, was auf mich wartet. Vier Tage mindestens, an denen ich kaputt bin, so kaputt, dass ich keine WhatsApp lese, fast nichts esse, nur schlafe oder durchs Haus wanke. Es sind die Tage, an denen das Gift in meinem Körper arbeitet. Es ist schlimm. Sehr schlimm. Also muss es wirken.

Anfang Januar teilten uns die Ärzte mit, dass sich die Lymphknoten trotz der Chemotherapie weiter ausbreiten würden. Mein Onkel und Theresa, meine Schwester, waren mit im Krankenhaus. Ich lag, wie immer, in dem Liegestuhl, der Raum war voll.

Theresa und ich fingen sofort an zu weinen. Theresa hatte fast einen Nervenzusammenbruch. Sie schluchzte richtig laut. Ich hatte in diesem Moment das Gefühl: Das ist mein Todesurteil. Da ist es. Nun also doch. Zwei Krankenschwestern kamen zu uns geeilt. Mit einer Decke oder einem Vorhang schirmten sie uns vor den Blicken der anderen ab. Wir weinten und hielten uns fest umklammert.

Bei der nächsten Chemo probierten die Ärzte etwas Neues aus. Ich bekam jetzt eine Mischung mit Ramucirumab. Das Medikament zählt zu den Angiogenesehemmern, die die Blutversorgung der Tumore stoppen sollen. Was man dazu liest, klingt ziemlich erfolgversprechend: Die Krebszellen werden von der Blutversorgung abgeschnitten und hungern aus. Ich mache alles mit.

Ich will gesund werden. Es ist die Hölle. Manchmal wächst eine Wut in mir. Ich könnte sie herausbrüllen, ich finde das alles so ungerecht. Die Leute hier im Krankenhaus auf den Liegen neben mir haben ihr Leben doch gehabt. Sie sind fünfzig, sechzig, achtzig. Sie haben Kinder bekommen, einige sind sicher schon Großeltern. Sie hatten eine große Liebe, schätze ich, waren auf dem Eiffelturm in Paris. Vielleicht sind sie sogar durch die USA gereist – das wollte ich in diesem Sommer so gerne zusammen mit zwei Freundinnen machen. Wir hatten schon alles geplant. Aber ich musste es wegen dieser Scheißkrankheit absagen.

Mein Vater sagt, dass wahrscheinlich die wenigsten, die lebensbedrohlich krank sind, das Gefühl haben, ihr Leben sei so erfüllt gewesen, dass sie jetzt sterben können. Außer vielleicht richtig alte Menschen. Kann ja sein. Aber mit einundzwanzig Jahren ist ein Mensch ganz bestimmt zu jung für solche Qualen und zu jung zum Sterben. Warum sollte jemand sterben, der noch nie über beide Ohren verliebt war? Was hat das für einen Sinn?

Veränderungen

In unserer Familie verändert sich viel durch meine Krankheit. Wir sind offener füreinander geworden. Früher hatte jeder eher seine eigenen Sachen auf dem Schirm. Jetzt wissen alle, wie kurz die Zeit sein kann und wie wertvoll es ist, sie miteinander zu nutzen. Das Wichtigste ist die Liebe. Vieles andere ist Zeitverschwendung. Manchmal, wenn ich voller Hoffnung bin, denke ich: Es muss so lange dauern, damit wir alle unser neues Verhalten, unser neues, innigeres Verhältnis einüben. Und wenn ich wieder gesund bin, dann verlieren wir uns nie wieder aus den Augen.

Wie gut ist das Verhältnis zu meinem Vater geworden! Ob wir uns ohne dieses Drama jemals so nahegekommen wären? Oder auch zu meinen Geschwistern. Theresa sucht sehr die Nähe zu mir. Zu Beginn meiner Krankheit hat sie ein Fotoalbum für mich gebastelt, mit Bildern von ihr und mir. Jedes Bild ist mit einem Ausspruch oder einer Geschichte von Jesus versehen. Es vergeht kaum ein Tag, an dem ich nicht durch das Album blättere.

Simon versucht so oft wie möglich aus Lübeck zu

kommen, was mir sehr guttut. Kürzlich sagte er, dass er durch mich einen kritischen Blick auf vieles im Gesundheitssystem bekommen habe. Für Patienten, die im privaten Bereich niemanden haben, der sie begleitet, würde viel zu wenig gesorgt, meinte er. Meine Erkrankung und alles, was wir seither erlebt haben, werden seine Arbeit als Arzt später bestimmt prägen.

Mit Johannes telefoniere ich häufig über Skype. Er ist mir gegenüber so gefühlvoll. Sogar über diese weite Entfernung spüre ich das sehr deutlich.

Auch meine Mutter ist mir heute viel näher. Sie war für mich früher nie richtig zu greifen. Im Mai sind wir beide zwischen zwei Chemos für eine Woche zusammen verreist. Eine Reise nach Ibiza, ganz alleine mit meiner Mama! Das hatte ich mir immer gewünscht. Es war eine leichte Zeit, manchmal war sie sogar richtig beschwingt. Wir waren fast wie Schwestern. Obwohl sie shoppen eigentlich doof findet und auf Klamotten nicht so viel Wert legt, sind wir stundenlang durch die Geschäfte gezogen. Ich habe sie beraten. Sie sah jung und entspannt aus. Wir haben uns beide vor dem Spiegel gedreht und für die gleiche türkisfarbene Tunika entschieden. Auf einem Hippiemarkt hat mir meine Mutter einen Blumenkranz gekauft, der super zu meiner blonden Perücke passt. Ich sehe damit aus wie so ein Flower-Power-Mädchen aus den siebziger Jahren. Später in der Altstadt wurde ich angelächelt und angesprochen, weil ich so schön aussah.

Wir sind am Meer entlanggewandert, begleitet vom Duft von Ginster und Rosmarin und salzigem Wasser.

Die Krankheit geriet manchmal ganz in den Hintergrund. Ich konnte mir dann für kurze Zeit gar nicht mehr vorstellen, dass sie in mir wütet.

Natürlich wollte meine Mutter oft wissen, wie es mir geht und ob ich Schmerzen habe. Aber ausführlich haben wir über den Krebs nicht gesprochen. Nur einmal wurden wir beide sehr traurig. Meine Mutter hatte für mich einen kleinen Hund gehäkelt, einen Glücksbringer, einen Freund und Begleiter. Ich sagte zu ihr, dass ich mir vorgestellt habe, wie dieser auf mein Grab steht. Meine Mutter wirkte sehr traurig. Sie sagte, dass sie mich so liebt und furchtbare Angst hat, mich zu verlieren. Dann hat sie mich lange umarmt.

Es ist für mich wichtig, über die Krankheit zu reden. Aber oft ist es auch richtig, dass man der Angst nicht viel Raum gibt, sondern sie möglichst wenig beachtet. Mir gelingt das eigentlich ganz gut. Ich stelle immer wieder fest: Wenn etwas Schönes passiert, zum Beispiel diese Woche auf Ibiza, dann bin ich glücklich und zuversichtlich und denke: Es wird nicht mehr lange dauern, dann dreht sich alles zum Guten.

Der Tod

Wie würde es sein, wenn ich sterbe? Manchmal stelle ich mir meine Beerdigung vor. Ich sehe den Sarg vor mir, daneben in einem Rahmen ein großes Foto, das mich zeigt, das Foto, auf dem ich die langen blonden

Perückenhaare trage, darin der Blumenkranz. Ich ahne, dass sie bei der Trauerfeier eines meiner liebsten Lieder spielen würden, wahrscheinlich von mir selbst gesungen. *All of Me*. Oder *Wie schön du bist*. Vielleicht würde man auf einer Leinwand ein Video sehen, auf dem ich singe. Ich stoppe dann meine Gedanken. Ich will mir die Trauer in den Gesichtern nicht vorstellen.

Mit meinem Vater kann ich über den Tod sprechen. Wir sprechen aber nicht über meinen oder seinen Tod, sondern bleiben nur allgemein. Er behauptet: Nach dem Tod gibt es die Dimension Zeit nicht mehr. Die ist nur weltlich. Gott ist Anfang und Ende, ewig und somit zeitlos. Wenn einer auf die andere Seite zu Gott wechselt, dann dauert es nur ein Fingerschnippen, und die anderen sind dann auch bei ihm.

Ich weiß, er will mir die Angst nehmen, ganz alleine zu sein. Ich habe die Angst nicht. Ich glaube ja wie Theresa, dass Jesus wartet.

Warten, warten, warten

Die schreckliche Chemo. Das schreckliche Warten. Das ständige Michanstrengen, Meditieren und Mir-etwas-Gutes-Vorstellen, um positiv zu bleiben. Und die Schmerzen. Meistens betäube ich sie mit Medikamenten. Manchmal versuche ich, ohne diese Tabletten auszukommen. Aber dann sind die Schmerzen sofort mit aller Macht da. Wenn ich keine Tabletten nehme, dann spüre ich sehr genau, wie krank ich wirklich bin. Alles tut mir weh. Mein Körper ist so kaputt. Wie teuflisch das ist! Manchmal kann ich nicht mehr. Manchmal wird der Wunsch aufzugeben übermächtig.

So war es vor der zwölften Chemo Ende Mai. Ich beschloss: Dieses eine Mal noch. Dann ziehe ich den Schlussstrich unter die Chemotherapie. Ich war so zermürbt. In meinem Bauch hatte sich Wasser angesammelt. Ein Arzt hatte uns erklärt, das sei ein Hinweis auf Tumoraktivität. Das Bauchfell sei wohl auch mit Krebs befallen. Die Lymphe könnten das Wasser nicht mehr abtransportieren. Es war, als würde mir einer einen Tritt versetzen, obwohl ich sowieso schon am Boden lag und winselte.

Ich wollte nicht mehr. Ich träumte in einer der darauffolgenden Nächte, dass jemand mir mit einer Pistole in die Brust schoss, direkt ins Herz. Ich spürte, wie das warme Blut aus mir herausströmte. Ich driftete weg, so wie bei einer Narkose, und das fühlte sich schön an, ganz friedlich und sanft.

Ein Song für Helena

Ist es nicht merkwürdig, dass genau an dem Tag, an dem ich kapitulieren wollte, endlich das Video mit meinem Lied fertig war? Helmuth hatte es professionell bearbeiten lassen: Es war ein wirklich schönes Gitarrenintro von Erlin dazugekommen, eingeblendet waren Fotos von mir, alle kleinen Brüche und Unstimmigkeiten waren ausgebügelt. Es war fertig – und wunderbar. Helmuth stellte es auf Facebook. https://www.facebook.com/pages/Ein-Song-f%C3%BCr-Helena/815377851903109.

Was bedeutet das, wenn genau dann, wenn man von der Brücke springen will, einer kommt und einen zurückkreißt? Heißt das nicht, dass man dafür ausgewählt ist zu leben? Heißt das nicht, dass man alles dafür tun muss, gesund zu werden, und dass es einfach nicht in Frage kommt, aufzugeben? Mir kam es so vor.

Ich hätte niemals damit gerechnet, was mein Lied auslöst. Erst waren es zwanzig Leute, die es bei Facebook hörten und teilten und etwas darunterschrieben. Freunde von Helmuth, Verwandte, Freunde meiner Geschwister und von mir. Dann waren es plötzlich Tausende, die es gehört hatten. Das Ganze entwickelte sich sprunghaft.

Am Donnerstag wurde darüber im *stern* geschrieben. Dort stand unter einem Bild von mir: »Die Diagnose war niederschmetternd: Magenkrebs, bei jungen Menschen eine extrem seltene Krankheit. Helena Zumsande war 18 Jahre alt, als sie vor drei Jahren die Diagnose erhielt. Ihre Heilungschancen sind minimal. Trotz Depressionen und quälender Chemotherapien hat sie sich einen Traum erfüllt. In einem professionellen Studio spielte sie ihren Lieblingssong ein: ›All of Me‹ von John Legend. Der 26 Jahre junge Amerikaner beschreibt, was Helena sich wünscht: ›Einen Menschen, dem ich alles von mir gebe. Und der mir alles von sich gibt.‹ Das Video steht seit vergangener Woche auf Facebook — und wurde in den ersten beiden Tagen fast 20 000 Mal geklickt. Eine Solidaritätsbewegung, die ihr Auftrieb und Kraft zum Kämpfen gibt: All for Helena.«

Anderen Zeitungen gab ich kleine Interviews, das lief aber immer über meinen Onkel, der mich vor zu viel Trubel schützte. Drei Tage später waren es 60 000 Aufrufe bei Facebook. Und dann konnte man dabei zusehen, wie es mehr und mehr wurden. Ich war wie in einen Taumel gerissen, ich konnte das gar nicht glauben. Wie sich die Klickzahlen entwickelten, konnte ich immer nur sehen, wenn ich die jeweilige Seite neu aufrief. Ich sprang zwischen meiner Seite und der meines Onkels, auf der das Video auch gepostet war, immer hin und her. Die Zahlen galoppierten. 100 000, bald waren es fast 190 000.

Es war, als hätte man mir mit einer Riesenwelle Lebensmut zugespült, eine riesige, mitreißende Woge Trost und Anteilnahme und Applaus für meinen Song und Zuspruch für meine erschöpfte Seele.

Weil sie von mir und meiner Facebook-Seite so beeindruckt war, kam Jasmin, eine junge Fotografin aus Hannover, auf mich zu. Sie besuchte mich am Sonntag nach der Chemo zu Hause. Es ging mir wieder etwas besser, auch wenn mein Bauch dick und aufgeschwollen war und es mir schwerfiel, gerade zu gehen.

Aber ich habe mich selten so schön gefühlt. Ich hatte ja wieder Hoffnung und dieses Gefühl: Warum auch immer ich so leiden muss, das Leben hat noch viel mit mir vor. Jasmin fotografierte mich in einem Kleid und Jeansjacke, mit der blonden Perücke und dem Blumenkranz aus Ibiza. Dann mit meinen echten kurzen Haaren, Turnschuhen und einem schwarzweißen Blouson. Zwischendurch musste ich ins Bad und mich übergeben. Ich habe das schnell erledigt. Ich wollte mich nicht stören lassen, wollte, dass keiner das merkt, sondern nur fest daran glauben: Jetzt darf ich endlich wieder richtig leben.

Die Fotos stellte ich auf meine Facebook-Seite. Ich wurde überschüttet mit Komplimenten. Wie hübsch ich sei, schrieben die Leute, und wie außergewöhnlich meine Stimme sei.

Ich war in einem Glücksrausch. Endlich Menschen, die mich verstanden. Hunderte schrieben mir. Tausende Menschen machten mich glücklich, weil sie mein Lied hörten und likten. Viele Zuschriften helfen mir sehr. Eine junge Frau erzählte mir, sie habe auch sogenannten unheilbaren Krebs gehabt – jetzt sei sie gesund und Mutter von zwei Kindern. Ein 28-jähriger Mann wollte fast schon aufgeben, nach dreijährigem Kampf gegen Krebs ist er heute wieder gesund. Manche berichteten von anderen schweren Erkrankungen, die sie oder ein Angehöriger überlebt haben. Bei anderen erfuhr ich nichts Konkretes, aber ich merkte ihrem Beitrag an, dass sie schon sehr viel durchgemacht haben. Viele wünschten mir einfach nur Gesundheit und Kraft, und das tat mir auch schon gut.

Ganz unabhängig von der Krankheit kam mein Lied sehr gut an. Es gab also nicht nur so einen Mitleidseffekt, das ist mir ziemlich wichtig. Eine Frau schrieb, sie würde es praktisch in Dauerschleife hören. Viele fanden, meine Stimme sei Wahnsinn, einige fragten, ob man das Stück auf CD kaufen könne.

Wahrscheinlich war ich sehr stark von meiner Schwester beeinflusst. Ich habe in dieser Situation immer wieder an Jesus gedacht: Er hatte mir ein Zeichen geschickt. Er hatte mir gezeigt, dass ich noch nicht aufgeben sollte. Ich betete voller Dankbarkeit. Es kam mir vor, als würden diese vielen wunderbaren Menschen mich alle zusammen wegreißen aus meinen Todesgedanken, wegzerren von dem verführerischen Mädchen mit den langen Haaren, das mich töten will.

Ganz sicher tummeln sich in den sozialen Netzwerken wie Facebook auch eine Menge Spinner, viele Leute sind da unterwegs, die wirklich alles runtermachen oder missbrauchen, um sich darüber lustig zu machen. In meinem Fall gab es das nicht. Eine junge Frau und ein Mann wollten sich mit mir über ihre Krankheitssymptome austauschen, sie erzählten mir, dass es ihnen nicht gut geht und ob sie vielleicht auch Magenkrebs haben könnten. Ihnen habe ich geantwortet, dass ich mich damit nicht beschäftigen will und sie sich bitte einen guten Arzt suchen sollen. Alle anderen waren zurückhaltend und voller Anteilnahme.

Auch ziemlich große Namen waren darunter. Der Rapper Kay One hat mein Video auf seine Seite gestellt – wie sich mein Lied bis zu ihm herumgesprochen hat, davon habe ich keinen Schimmer. Er postete: »Helena! Ich wünsche dir ganz viel Kraft! Never give up!« Ich habe ihn ein paarmal im Fernsehen gesehen, als er in der Jury von *DSDS* saß, natürlich erst ein paar Jahre nachdem ich mich selbst dort beworben hatte. Ich mag einige seiner Lieder, zum Beispiel *Unter Palmen*, das ist gut, aber seine Art in der Jury gefiel mir nicht besonders, immer dieses Lustigmachen über andere und die respektlose Bewertung des Äußeren der Kandidaten à la Dieter Bohlen. Dass er mir geschrieben hatte, fand ich trotzdem ganz toll.

Ein Schauspieler, der neben Jan Fedder in *Großstadtrevier* mitspielt und den man auf seiner Facebook-Seite zusammen mit der tollen Katharina Wackernagel sieht, Peter Pascal Burkard, hat alle seine Freunde und Bekannten mobilisiert. Ich kenne ihn nur vom Fernsehen, aber mein Schicksal scheint ihn sehr mitzunehmen. Er schrieb auf seine Facebook-Seite: »Helena hat eine wow … Stimme … bitte, werde gesund … Du könntest meine Tochter sein … wenn es einen Gott gibt … ich möchte, dass dieser bei dir steht!« Die Frau des italienischen Musikproduzenten Tony Catania fragte, ob ich nicht einen Song bei ihnen produzieren wolle. Die Deutsche Knochenmarkspenderdatei, DKMS, lud mich zu ihrem Herbstball ein, den Barbara Schöneberger moderiert. Ob ich da nicht vor Hunderten Leuten singen wolle? Ich schrieb zurück, dass ich noch nicht weiß, ob ich das kann. Da antworteten sie, sie würden mir auf jeden Fall zwei Plätze reservieren.

Verschiedene Zeitungen und Fernsehsender meldeten sich bei mir. Ich habe aber nur sehr wenige kleine Interviews gegeben, das meiste habe ich abgelehnt. In einem Interview wurde ich gefragt, welches Lied ich gerne als Nächstes singen würde. Ich antwortete: *Wie schön du bist* von Sarah Connor.

Ist es nicht vollkommen irre, was dann passierte? Florian Fischer, der Mann und Manager von Sarah Connor, schrieb mir auf Facebook eine Nachricht: »Hallo Helena, wir haben in einem Interview gelesen, dass du gerne *Wie schön du bist* aufnehmen würdest. Mein Name ist Florian Fischer, und ich vertrete Sarah in allen Managementfragen. Wenn du Lust hast, das Lied bei Sarah im Studio aufzunehmen, dann können du oder deine Eltern sich sehr gerne bei uns melden!« Er schrieb, dass er das privat und ohne Presse halten würde. Das fand ich total sympathisch. Es schien ihnen wirklich darum zu gehen, mir eine Freude zu machen.

Ich wollte das Angebot von Sarah Connor annehmen. Mein Onkel übernahm die Organisation. Florian Fischer und er vereinbarten den 1. Juli, einen Mittwoch.

Wir hatten die Reise, als wir sie planten, in eine chemofreie Woche gelegt. Tatsächlich stand Ende Juni dann aber bereits fest, dass die Therapie gar nicht mehr fortgesetzt werden sollte. Die Infusionen mit Ramucirumab halten die Tumore ja nur gerade so in Schach. Aber sie machen mich fertig und bringen letztlich keinen Fortschritt.

Es gibt wenige Menschen, die die Therapie so lange durchgehalten haben, sagte mir mein Oberarzt. Manche seien nach fünf Infusionen wieder gesund gewesen. Andere hätten aufgegeben. Mir wurde gesagt, dass ich sehr stark sei, weil ich es siebzehnmal geschafft habe. Siebzehn Tage Infusionen, das sind über dreißig Wochen Terror.

Jetzt gibt es an der Uniklinik nur noch eine Möglichkeit: eine Immuntherapie mit dem Antikörper Pembrolizumab. Es ist eine vollkommen neue Therapie, sie kostet ungefähr 12 000 Euro pro Infusion. Die Krankenkasse hat sie bei mir genehmigt. Die Antikörper sollen die kranken Zellen markieren, damit das Immunsystem sie erkennt und tötet. Diese Art der Immuntherapie gilt als große Hoffnung in der Krebstherapie, sagt Simon. Das Medikament wurde in den USA sogar beschleunigt zugelassen. 31 Prozent haben auf diese Therapie angesprochen, wurde mir gesagt.

Ich will darüber nicht nachdenken. Ich will von den

Statistiken nichts hören, ich will von mir weghalten, was das bedeutet. Weg mit dem Gedanken. Ich hoffe einfach, dass dieses Medikament genau zu mir passt. Dass es, obwohl so viel bei mir in Mitleidenschaft gezogen ist, die Umkehr bringt.

Natürlich weiß man nicht, wie ich darauf anspreche. Es kann auch Nebenwirkungen geben, von Schilddrüsenproblemen über noch mehr Übelkeit und Gelenkbeschwerden. Es kann auch sein, dass eine Autoimmunreaktion entsteht – dass das Immunsystem so stark mobilisiert wird, dass es beginnt, gesundes Gewebe zu zerstören.

Die Antikörpertherapie greift erst nach zwei, drei Monaten. Falls der Krebs, den ja wahrscheinlich die bisherige Chemo so einigermaßen am Weiterwachsen gehindert hat, jetzt explodieren sollte, dann ist der Plan, parallel wieder Chemo zu machen. Vielleicht mit Cisplatin, das ich in der allerersten Zeit, letztes Jahr im Oktober, bekam. Die Kombination ist aber noch nicht gut erforscht. Ich sage mir: Das ist mir egal. Ich mache alles mit. Die Therapie ist vor allem eine große Chance. Wahrscheinlich meine allerletzte Chance.

Wieder fällt mir hier ein, dass auch Menschen auf dem Weg zu ihrer Hinrichtung daran glauben, dass sie gerettet werden. Und manchmal passiert das auch. Eine Begnadigung. Statt Tod lebenslänglich. Bitte, ja. Lieber lebenslänglich. Vielleicht kann ich jetzt schon keine Kinder mehr bekommen. Gut, ja, dann lebe ich eben ohne Kinder. Ich will doch nur leben. Ich wünsche mir, wegrennen zu können. Ans Meer zu rennen. Ins Meer zu springen, wie früher, mit meinen Geschwistern, mit meinen Freundinnen durch die Geschäfte zu ziehen und wie verrückt Sommerkleider anzuprobieren. Kebab zu essen und Bier zu trinken. Laut zu lachen. Zu singen!

Manchmal, wenn ich nicht gut aufpasse, bin ich so traurig, das kann ich gar nicht beschreiben. Warum verdirbt mir dieser Krebs alles, alles, was mir jetzt offenstehen würde. Was für ein Irrsinn: Ich wäre ohne die Krankheit nie so nah an das herangekommen, was ich so sehr will. Und gleichzeitig will mir diese verdammte Krankheit genau das nehmen.

Wie schön du bist

Es war eine extrem schwere Phase, als die Reise nach Berlin nahte. Ich war so knochig, dass ich mir die Wirbelsäule aufrieb, wenn ich in der Badewanne lag. Meine Arme waren dünn wie bei einer Magersüchtigen. Aber mein Bauch war aufgeschwemmt wie der einer Schwangeren im siebten Monat, und meine Oberschenkel waren von den Wassereinlagerungen dick und weich. Am Tag vor unserem Trip nach Berlin sind meine Mutter und ich zur Bauchpunktion ins Krankenhaus gefahren. 4,5 Liter hatten sich angesammelt.

Trotz Schlaftablette hatte ich kaum geschlafen, mir tat der Rücken weh. Die Stelle, an der mein Bauch punktiert worden war, nässte noch sehr stark, so dass meine türkisfarbene Bluse, die schöne Tunika aus Ibiza, schon einen großen Fleck hatte, bevor ich überhaupt ins Auto stieg. Meine Mutter verband die Wunde neu, und ich zog etwas anderes an.

Es war eine so unglaublich tolle Gelegenheit. Ich wollte alles Schlimme wegschieben und trotz allem auf keinen Fall absagen. Mein Onkel, der ja schon beim ersten Song mein Begleiter gewesen war, fuhr mit dem dicken Audi Q 7 vor. Er legte ihn noch ein Stück höher, damit es möglichst wenig für mich ruckelte. Ich drehte den Sitz ganz weit zurück, so dass ich liegen konnte. Meine Mutter kam auch mit, sie saß hinten.

Das Wetter war schön. Wir sprachen nicht viel. Alle wussten: Das ist für mich eine sehr wichtige Reise. Ich musste an die Autofahrt damals denken, nach der Schockdiagnose im Januar. Diesmal fühlte ich mich nicht so abgetrennt von der Welt. Ich war sogar guter Laune, ich hatte ein tolles Ziel.

Ich schaute mir die Wolken am Himmel an. Ich sah einen über den blauen Himmel segelnden Hasen und ließ meine Gedanken treiben. In meiner Phantasie sah ich eine Szene im Krankenhaus. Meine Ärzte gingen strahlend auf mich zu und sagten: »Die Ergebnisse sind prima. Da ist kein Tumor mehr!«

Ich sah mich, wie ich anfing zu weinen, und dachte, das müsse ein Irrtum sein.

Dann sagte ich: »Wirklich? Oder haben Sie die Ergebnisse von jemand anderem mit meinen verwechselt?«

»Nein, nein, nein!«, riefen die Ärzte. Da lachte ich,

und alles überschlug sich in mir vor Glück. Ich sagte zu den Ärzten, ich würde eine Freudenparty geben. Und sie seien eingeladen!

Im Auto spielten wir immer wieder die CD mit dem Lied, das ich am nächsten Morgen singen wollte, im Studio von Sarah Connor. Ich war unsicher. Ich war so dünn, so schwach, hatte kaum geübt. Ich konnte kaum gehen und so wenig essen, dass die Ärzte in der darauffolgenden Woche mit künstlicher Ernährung beginnen wollten. Im Kopf sang ich mit: »Ich seh deinen Stolz und deine Wut, dein großes Herz, deinen Löwenmut ... ich seh deine Farben und all deine Narben, weißt du denn nicht, wie schön du bist?« Es ist kein ganz einfaches Lied, mehr ein Chanson als ein Popsong, kein Ohrwurm, den man leicht mitsingen kann. Ich freute mich sehr, trotz allem. Es kam mir ganz irreal vor, in dem Studio singen zu dürfen, in dem viele Stars ihre Stücke aufgenommen haben.

Wir übernachteten in einem Hotel in Kreuzberg, ich hatte ein Doppelzimmer zusammen mit meiner Mutter. Sie hatte eine Tasche mit einem Teekocher, Buchweizenbrei und Babykost dabei, so wie vor vielen Jahren, als sie mit Kleinkindern unterwegs war. Es ging nicht anders. Ich konnte ja nichts anderes essen.

Es ärgerte mich wie irre. Ich reise doch so gerne, und ich liebe fremde Städte und Hotels. Ich wünschte mir, zum Frühstück Milchkaffee trinken und Brötchen mit Salami und mit Nutella essen zu können wie alle anderen. Stattdessen löffelte ich Babybrei.

Und nicht nur das: Beim Frühstück schwoll dann

noch mein linker Arm an. Er verfärbte sich bläulich. Es war so ein Moment, wo ich die Fassung verlor. Ich begann zu weinen, ich dachte, es ist jetzt sowieso alles aus, ich schaffe es nicht mehr zu singen und nicht mehr zu überleben. Ich schluchzte: »Ich will nach Hause.«

Wir sind dann doch geblieben. Meine Mutter und ich gingen zurück ins Hotelzimmer. Ich streckte den Arm in die Luft, obwohl ich darin keinen Sinn sehen konnte. Aber meine Mutter und Helmuth hatten mir das geraten. Helmuth rief währenddessen meine Ärztin in Hamburg an. Die sagte, keine Panik, wir sollten abwarten.

Anfangs war ich ärgerlich, weil alle mich schon wieder beschwichtigten. Dann jedoch irgendwie froh, weil sie mich dabei gestoppt hatten, vor Panik durchzudrehen. Der Arm schwoll tatsächlich bald etwas ab. Als wir später wieder in Hamburg waren, erfuhr ich, dass sich eine Thrombose angekündigt hatte. Mein Körper ist einfach völlig aus den Fugen.

Als wir zum Studio kamen, war alles vergessen. Sarah Connor und Florian Fischer begrüßten mich so herzlich, als würden sie mich schon lange kennen. Peter Plate von Rosenstolz war auch noch da, er hatte an diesem Tag sogar Geburtstag.

Der Aufnahmebereich selbst ist ein sehr kleiner Raum, kleiner als der von Erlin in Hamburg. Da nahm ich alleine vor dem Mikrophon Platz, vor dem sonst Sarah Connor sitzt. Draußen im Vorraum waren die anderen. Aus den Kopfhörern hörte ich die Instrumentalbegleitung. Ich begann. Es war der Moment, in dem all die Schwäche, die Angst, meine Zerbrochenheit und meine schreckliche Krankheit sich in Luft auflösten. Ich, Helena, nach so vielen Wochen Chemo-Terror, mit einer nässenden Wunde am Bauch, klapperdürr, vollgestopft mit Medikamenten, war voll da. Absolut konzentriert. Meine Stimme: Verlässlich wie in den besten Zeiten. Ich sang. »Ich seh dich / mit all deinen Farben / und deinen Narben, / hinter den Mauern. / Ja, ich seh dich. / Lass dir nichts sagen. / Nein, lass dir nichts sagen. / Weißt du denn gar nicht, wie schön du bist?« Ich sang von Terror, von Gold, von Löwenmut. Zart und wütend, still und laut. Ich legte in das Lied mein ganzes Gefühl, meine ganze Erfahrung mit diesen Worten. Ich sah durch die Glastür, die uns trennte, wie Sarah Connor mitsang und immer wieder anerkennend den Daumen dazu hob, wie ich ihr Lied interpretierte. Ich hatte das schöne Gefühl, dazuzugehören.

Später erzählte mir Helmuth, Peter Plate habe Tränen in den Augen gehabt.

Es war anders als damals, bei Helmuth im Studio. Ich war schwächer, aber ich war gut. Zum Abschied drückte Sarah Connor mich immer wieder an sich. Sie küsste mich auf die Wange und sagte mir, wie schön sie mich finde und dass ich riesiges musikalisches Potential habe.

Sie und ihr Mann baten mich auch, ich solle ihnen mein eigenes Lied schicken, sobald ich es fertig haben würde. Sie würden es sehr gerne produzieren.

Wahnsinn. Alle Türen stehen mir offen. Ich kann das

tun, was ich immer tun wollte. Singen! Tausende mit meiner Stimme berühren. Ich könnte so vielen jetzt mit meinen Liedern das Gefühl geben, dass es jemanden gibt, der sie versteht, der etwas vom Leben begriffen hat, weil das seine an einem dünnen Faden hängt. Ich will allen zurufen, wenn man mir dafür bitte bloß noch die Zeit lässt: Es lohnt sich, sich zu entfalten, die Zeit zu nutzen. Zögert nicht. Denkt an mich.

Auf der Rückfahrt war ich sehr glücklich. Es kam mir ganz unwirklich vor, dass ich mir gerade eben meinen großen Traum verwirklicht hatte: Dieses Lied gesungen, Profimusiker um mich herum, Sarah Connor, Peter Plate, Florian Fischer, an den Wänden viele Goldene Schallplatten, eine Welt, die ich so anziehend und so sehr als die meine empfinde. Ich bin dort gewesen und trotz allem, was mir meine Kraft raubt: Ich war super.

Schon saßen wir wieder im Auto. Mein großer Auftritt – vorbei.

Es war, als wäre eine Sternschnuppe vom Himmel gesaust, hell und schnell. So ein Glücksfall, denkt man noch. Doch kaum hat man sie gesehen, ist sie verglüht.

Nachwort

Im Gespräch mit einer Freundin habe ich von Helena erfahren. Die Freundin erzählte mir, dass sie im *stern* von einem krebskranken Mädchen mit engelsgleicher Stimme gelesen habe. Es gebe eine Aufnahme von ihr, auf der sie einen John-Legend-Song covere, die bereits in aller Munde sei. Kurz darauf sprachen einige Fans auf meiner Facebook-Seite über Helena. Ich wurde neugierig. Mich berührte, was ich las, und ich beschloss, Kontakt mit Helena aufzunehmen. Auch weil ich gelesen hatte, dass sie meinen Song *Wie schön du bist* aufnehmen wolle, sobald es ihr zwischen der einen und der anderen Chemotherapie wieder besser gehen würde. Ich lud Helena nach Berlin ein, und meine lieben Freunde und Co-Produzenten Peter Plate, Ulf Sommer und Daniel Faust erklärten sich, ohne zu zögern, bereit, mitzumachen und mit Helena eine neue ganz eigene Version von *Wie schön du bist* aufzunehmen.

Vor diesem Tag hatte ich großen Respekt. Keiner von uns wusste, wie Helena sich fühlen und ob sie überhaupt in der Lage sein würde, den ganzen Song mehrere Male zu singen. Ich traf auf eine bildhübsche junge

Frau mit großen blauen Augen und einem Blick, der einen nicht aus der Frage entlässt. Helena ist groß. Mit ihren 1,80 m größer als ich, das passiert mir nicht oft. Sie wirkt stark und stolz und gleichzeitig so unendlich zart und zerbrechlich.

Als ich Helena singen hörte, schossen mir unwillkürlich Tränen in die Augen. Sie hatte tatsächlich eine Stimme wie ein Engel. Sie war top vorbereitet, und ich sah ihren eisernen Willen, das heute durchziehen zu wollen. Trotz ihrer Schmerzen und Übelkeit, die sie immer wieder zwangen, Pausen einzulegen. Ich sah auch ihre Mutter, die mit in der Gesangskabine war und ihre Tochter filmte. Was sie wohl in diesem Moment empfand, fragte ich mich, und wie sie es überhaupt ertragen konnte, ihre todkranke Tochter diese Zeilen singen zu hören. Ebenso ihr Onkel, der Helena mit zu allen bis dato siebzehn (!!!!!!) Chemos begleitet hatte. Er hatte sich vorgestellt mit den Worten: »Ich bin der, den Helena nicht mehr riechen kann!« Es gab einen Moment, als Helena die Zeilen sang »… und ich hab' das alles so gewollt, den ganzen Terror und das Gold …«, als ich meine Fassung verlor. Doch ich wollte auf keinen Fall, dass Helena oder ihre Familie etwas mitbekamen.

Heute war Helena vor allem eins: eine großartige Sängerin mit einem Traum! Ein Mädchen, mit einem großen Talent und irrem Gefühl in der Stimme. Und doch tat alles mir so unendlich leid. Es ist so beschissen ungerecht. Helena lächelte sanft wie eine Königin. Sie schritt voran, strahlte von innen und außen, als sie fertig war, und umarmte mich zärtlich zum Abschied. Wir versprachen uns, in Kontakt zu bleiben.

Liebe Helena, ich danke dir von Herzen, dass ich dir begegnen durfte. Du hast uns alle verzaubert. Ich hoffe, dass deinen Fans und Begleitern und vor allem DIR deine Version meines Songs gefällt. Vergiss nie, wie wunderschön du bist.

Deine Sarah

Quellen

Aus folgenden CDs wurden Liedtexte zitiert:

S. 49:
　Silbermond: *Das Beste*. Aus dem Album: *Laut gedacht*. Columbia Deutschland (Sony Music), 2006.
S. 54:
　Silbermond: *Ja*. Aus dem Album: *Alles auf Anfang*. Verschwende Deine Zeit, 2014.
　Herbert Grönemeyer: *Der Weg*. Aus dem Album: *Mensch*. Grönland (EMI), 2002.
S. 133:
　Sarah Connor: *Wie schön du bist*. Aus dem Album: *Muttersprache*. Polydor (Universal Music), 2015.

Copyrights zu den verwendeten Bildern (Seitenangaben beziehen sich auf den Bildteil):

Jasmin Bressem: Nachsatz.
Isadora Tast: S. 1, S. 4 unten, S. 5, S. 6 unten, S. 8.
privat: Vorsatz, S. 2, S. 3, S.4 oben, S. 6 oben, S. 7.

Véronique Poulain

Worte, die man mir nicht sagt
Mein Leben mit gehörlosen Eltern

Aus dem Französischen von Lis Künzli.
Klappenbroschur.
Auch als E-Book erhältlich.
www.ullstein-extra.de

»*Eine wahre Geschichte voller Leben, manchmal bissig und dennoch voller Zärtlichkeit.*« Le Figaro littéraire

»Hallo, Ihr Arschlöcher!« So begrüßt Véronique Poulain eines Tages ihre Eltern, als sie aus der Schule heimkehrt. Die Reaktion: eine zärtliche Umarmung. Véroniques Eltern sind gehörlos. Das hat seine guten Seiten, kann aber auch ganz schön nerven. Als Kind ist Véronique mächtig stolz, wenn sie sich vor aller Augen in Gebärdensprache unterhält. Doch möchte sie nach ihrer Mutter rufen, muss sie sich etwas einfallen lassen. Und anders als man denkt, sind Gehörlose nicht unbedingt leise Menschen. Véroniques Eltern schmatzen genüsslich, pupsen geräuschvoll in der Öffentlichkeit und haben lauthals Sex. Ganz still ist es bei ihr zu Hause nie. Und richtig wild wird es, wenn ihre Mutter hinterm Steuer eine Diskussion beginnt.

Dunja Hayali

Is' was, Dog?
Mein Leben mit
Hund und Haaren

Taschenbuch.
Auch als E-Book erhältlich.
www.ullstein-buchverlage.de

Auf den Hund gekommen – und Frauchen geworden.

Seit Jahren bildet Dunja Hayali mit Emma ein unzertrennliches Team. Warmherzig und mit einem Happen Ironie schildert sie in ihrem Buch die kuriose Welt der Vierbeiner und Hundehalter und ihre Erlebnisse mit ihrer eigensinnigen Retrieverhündin. Eine so witzige wie ehrliche Liebeserklärung an den besten Freund des Menschen.

»Dieses Buch ist ein großer Spaß – auch für Nicht-Hundebesitzer. Empathisch, verrückt und sehr, sehr komisch.«
Hape Kerkeling